本音でミャンマー

もうこの国の建前論はいらない

寺井 融

Toru Terai

カナリアコミュニケーションズ

はじめに─変わるミャンマー、変わらないアジア─

二〇一一年、ミャンマーが民政になって以降初めての総選挙が、二〇一五年十一月八日に実施された。アウンサンスーチー女史が率いるＮＬＤ（国民民主連盟）が改選四百九十一議席中、三百八十議席を占める。圧勝であった。今後、果たしてどうなっていくか、注目し、関心を持ち続けて行きたい。

初外遊は、中国である。

一九七五年八月の終わりの頃から、九月にかけて、三週間の旅だった。世界青少年交流協会主催の「日本青年代表団」三十人と一緒である。

北京から汽車で下り、南京に寄り、上海で二泊。今度は国内線の飛行機を利用した。北京空港に着陸前、スチューワデス嬢が飴を投げて寄こしたことを思い出す。また、北京から列車で東北（旧満州）の大慶まで行った。「農業は大塞に、工業は大慶に学べ」と叫ばれていた、文革末期のことである。

視察した工場の掲示板に貼ってあるステッカーには、「現代の宋江を打倒せよ」と書かれてあった。その宋江とは、いったい誰か。

『水滸伝』の主役であることは当然として、「現代の」とつくと、中国研究者の間でも、諸説があった。「文革左派が、周恩来首相へ闘争を仕掛けている」という〝説〟を聞いて、納得したものである。

「代表団」の仲間の中には、「中国には泥棒がいない」「ハエもいない」「人民が主役で平等な社会である」なんて言う親中派の〝宣伝〟論文を、間に受けていた若者も多かった。

しかし、現実は残酷である。

工場に並んでいた自転車に、鍵がかかっている、と発見しては驚き、田舎でハエがたかっている食べ物を目のあたりにして箸が進まず、上海の雑技団見学のあと、雑踏の中、クラクションを鳴らして人民を蹴散らし走ろうとする、わが団のバスに、ショックを受け、「やめて、ゆっくり走って」と哀願した、女性団員があらわれたりもした。「毛主席が『この地球の半分は、女性だ。女性は太陽である』とおっしゃっておられますよ」の語っていた方だったのだが……。

ハルビンで、曇った暗い空を見て「いやぁ、工業が発達しているなぁ」と感嘆をもらす男性団員もいた。「石炭をエネルギーにしているからね。煤煙だな、これは……。環境に悪いよ」と切り返して、嫌な顔をされたものだ。

話は替わる。

いま大学で教えている。中国人留学生も多い。そこで、文革左派「四人組」について訊いてみる。しかし、正しい答えは、誰からも得られなかった。あれから、もう四十年以上経ったのである。無理がないのかもしれない。

一九七七年十一月、二週間の日程で、ベトナムに行った。これも「日本青年代表団」の一員としてである。サイゴン陥落から二年半後だから、ベトナム反戦運動をやっていた（いや、シンパかな）青年も多い。

ハノイが米軍の空爆で廃墟となっている、と勘違いしていたらしく、フランス風の落ち着いた町並みで、爆撃跡もほとんど見ることもない現実に、ただただ驚いていた。

当方は橋や道路、軍事基地を狙った限定爆撃であったことを知っていたので、そんなことには驚かない。青年代表団の多くは、ハノイは米軍の無差別絨毯爆撃（北爆）によって、町は廃墟となり、壊滅をしている、と決めつけていたのである。たとえて言うなら、戦後すぐの東京の中心部写真を想起していたのだ。東京大空襲の何倍もの爆弾が落とされた、という日本共産党系の〝宣伝〟が、日本国内でも浸透していた時代であった。

その旅で驚かされたのは、通過してきた中国・広州でのことである。ホテルの食堂の壁に「姚文元打倒」のステッカーが貼られていた。彼は、「四人組」の理論家である。つい、この間まで、彼らは最高権力者だったのに、と世の無情を感じた。

一九七五年四月三十日、サイゴン（現ホーチミン市）が陥落している。ショックだった。ベトナム戦争は北（共産主義者）による南への侵略だ、と捉えていて、共産主義者に甘い、〝ベトナム反戦派〟の言動にも、胡散臭さを感じていたからである。

案の定と言うべきか、〝解放された〟はずの南ベトナムから自由を求めて、合法、非合法（ボートピープル）を問わず、出国する人が相次ぐようになった。

話は四十年後に飛ぶ。

二〇一五年五月、ベトナム中部のフエ、ホイアン、ダナンを旅行した。ダナンのリゾート海岸で海と砂浜を眺めながら、海鮮鍋をつついた。生きた海老、蟹も入り、アジアの国らしい香辛料が効いていて、美味だった。

「穏やかな海だけど、ここから難民となって出て行った人がいたんだよなぁ」

そう連れに話しかけていると、

「友人も出て行ったんです。いまだにどこに行ったか、分かりません」

同行のベトナム人ガイド氏が、そう答える。

彼は四十代半ば過ぎだ。友といっても、当時は少年だった筈。難破して海の藻屑となってしまったか、それとも海賊に襲われたのか……。

そんな暗い話はさておき、〝解放〟後、合法的に出国した一人にTさんがいる。

彼女は華僑で、サイゴンの旅行社に勤めていた。陥落直前、社で同僚だった稲葉韶正さん（現サイトラベル会長、当方の学生時代の先輩）に結婚を申し込んだ。書類上だけのいわゆる偽装結婚である。先輩は快諾した。

しかし、手続きが間に合わず、彼女は陥落前のサイゴンから脱出がかなわなかった。
〝夫〟の稲葉氏は、シンガポールに逃れることができた。仕事でバンコクに出張するたびに、ラオスの首都ビェンチャンにまで足を伸ばし、ベトナム大使館に出向いて、「うちの女房を出国させろ」と要求した。それでTさんは、合法的に空路ベトナムを離れることができた。

清瀬市（東京都）にあった拙宅（3LDKのアパート）にも、何日か滞在している。愚妻が、池袋のデパートに彼女を連れて行った。

「それがね、彼女ったら、全然驚かないのよね」

妻が不思議がっている。戦争で逃げまどう農村部のベトナム女性を、イメージしていたためらしい。

「おいおいTさんの住まいは、サイゴンだぞ。首都だ。デパートはあったし、物資も豊富だった筈……」

そう答えた。

わが妻を責めてはいけない。当時の日本人の大多数は、ニッパヤシの小屋のような家に住んでいるのがベトナム人、と思い込んでいた。南太平洋の島国も、東南アジアの国々に住む人たちも、人種や宗教の違いも、生活ぶりも、それぞれの区別がつかなかったのである。

一九七七年の旅行中、サイゴン（現ホーチミン市）で、近藤ナウさん（近藤紘一氏夫人）宅の写真を撮って捕まった話は、本書でも触れた。

旅行団に同行のガイド、ヒューさんが、ハノイへ帰る飛行便に、土産として買い求めた自転車を積み込んで、嬉しそうに持ち帰る姿を見て、物がない北が、物が豊かな南を〝解放〟したのか、と感慨に打たれた。

話は飛ぶ。

そんなこんなのエピソードを、会田雄次京大名誉教授に語り、「ベトナムが好きになりましたよ。庶民はたくましく生活していますし……」と結んだ。

先生は「それならビルマもいいよ。彼らは、気立てがかわいいんで……」とおっしゃった。

さすが『アーロン収容所』(中公新書)の作者である。

一九八二年、佐々木良作民社党委員長が、南北問題日本委員会(大来作武郎委員長)を組織する。アジア各国に調査団を派遣することになり、当方はビルマ(現ミャンマー)を希望した。

渡辺朗さん(衆院議員、後に沼津市長。ご子息が民主党の渡辺周代議士)は、「ビルマに行くなら、教えてあげよう」と、民族衣装のロンジ(筒状の布を腰に巻き、ズボンもしくはスカートのような役割を果たす)の穿き方を伝授してくれた。

失礼ながら、太鼓腹だなぁ、と思ったものだ。朗さんは、アジア社会党会議の事務局がラングーン(現ヤンゴン)にあった時代、右派社会党本部から、現地に派遣されていた経験があるのだ。

その八二年、ラングーン市のダウンタウンにある夜店に行ってみても、日用品や陸路持ち込まれた密輸品が、細々と売られている。自動車は何十年前の中古車で、それも走っている台数が絶対的に少ない。停電が日常茶飯事といったことにも驚かされた。

しかし、町を歩いていて目が合うと、微笑みを返してくれる。田舎では、旅人である私に、玄関先でお茶をふるまわれたりもした。

そんな穏やかで、素朴なビルマの人々に魅了されて行く。

帰路、バンコクに立ち寄った。

今度は、陸路を悪路対応のバン型車で片道五時間かけて、国境の町・アランヤプラテートに向かう。そこからカンボジア領内に入った。ソンサン（自由主義派）系のノンサメットキャンプ取材のためであり、通訳は、在タイ日本大使館の篠原勝弘一等書記官（後にカンボジア大使）に務めてもらった。

当方は、個人的に三派連合（ポルポト派、シアヌーク派、ソンサン派）のうち、自由主義のソンサン派を支持していた。広報担当のカセット女史にも、東京で何度か、お会いしたことがある。

キャンプでは、小学校を視察した。「牛のかわりに人を使うポルポト派」といった〝絵〟が使われて、反共教育を行っていた。「三派連合と言ってもなぁ……」と思ったものである。

それはさておき、視察の翌日、バンコク市内で高木剛一等書記官（後に連合会長）のご自宅に招かれて、奥様の手料理をごちそうになった。タイの現地事情についても教えてもらう。本棚には、吉川英治全集が並んでいた。

いまから考えると、贅沢な顔ぶれである。

一九八八年八月八日にビルマで〝ラングーン暴動〟があった（「８８８８事件」とも呼ばれている）。翌八九年、ミャンマーに国名変更、さらにアウンサンスーチー女史の自宅〝軟禁〟が始まった。九〇年にミャンマーで総選挙があって、野党ＮＬＤが大躍進したが、軍事政権側は、その選挙結果を無視した。

一九九三年一月、稲葉先輩の勧めで、ミャンマーを訪問する。先輩の会社（サイトラベル）が、ヤンゴンに支店を開業したからだ。

〝ビルマ式社会主義〟の統制経済から自由経済に転換中で、経済成長が始まっていた。韓国の朴正煕、インドネシアのスハルト、チリのピノチェットも軍事政権である。民主主義ではなかったものの、国の経済は発展させた。ミャンマーの軍政、キンニュン第一書記が「ビルマ式社会主義」という統制経済から、自由経済へ、転換を計っていた。それに対しても、もっと温かい目で見て行く必要があると、痛感したものである。

ミャンマーは「軍事政権で、民主的ではない」と批判されていた。では、中国やベトナム、北朝鮮など、共産主義国家はどうなのか。共産中国に比べて、ミャンマー報道が厳し過ぎるのではないか、との思いもあった。

一九九〇年代の半ばから、ＰＨＰ研究所主宰のミャンマー研究委員会（委員長は初代・岡崎久彦元タイ大使、二代・山口洋一元ミャンマー大使）がスタートした。そこに参加し、ミャンマーの歴史と文化について勉強する。

特に、陸軍中野学校出身で、南機関員だった泉谷達郎元中尉の話は、分かりやすかった。

「少数民族の武装組織と言っても、さまざまでね、国境貿易やアヘンの取引、それに外国勢力からの支援などで資金が豊富なところは、装備をしっかりしていて軍隊らしいし……。そうではない、昼は政府軍、夜は民族武装組織が支配しているようなところの民族派軍の装備は貧弱。軍というよりも、日本でいえば、ヤクザの組みたいですな」

その頃、西村真悟代議士（当時）とともに、何回か訪緬し、改革派のキンニュン首相に面談したことや、黄金に輝くゴールデンロックのホテルで、二人で痛飲したことも懐かしい。

二〇〇〇年、研究委員会メンバーを中核にしたＮＰＯ法人アジア母子福祉協会（ＡＭＣＷＡ）の創立に参画した。医療・教育分野などを中心に、ボランティア活動を、いまも続けている。

先日、初訪中のメンバーと飲んだ。いわば同窓会である。

「中国は大きく変わったなぁ」

「われわれの頃の国産車は紅旗、北京、上海の順だったかな」

「いまはすごいよ。車、車、車の社会になったし……」

「私たちが行ったときは自転車、自転車、自転車だったんだけどな」

そんなこんなで、話が弾んだ。あれから四十年である。昔の青年たちも、みんな年を取った。十人集まった。

アジアには、よく行くようになっている。イスタンブール（トルコ）、ペナン（マレーシア）、フエ（ベトナム）、マカオ、台北などには何回も訪れた。旅行記や小論を集めた雑文集も出版している。ホーチミン、バンコク、ヤンゴンには馴染みの店もできた。行けば毎回、「定点観測」をしているストリート（通り）もある。どんどん服装がよくなり、世界の一流ブランド店も、出店するようになってきた。

しかし、田舎に行くと、昔と変わらない風景がある。木陰で昼寝していたり、お茶を飲んでいたりしていて、時間が経つのが遅い。そんな変わらないアジアが好きだ。

ヤンゴンに半年ぶりに行くと、新しいビルが建っていたりしていて驚く。いま、〝変化〟の真っ盛りである。

本書では、そのミャンマー見聞を中心に、各紙誌に書いたアジアに関するエッセイや小論文などで構成した（一部は書下ろし）。アジアを理解する上で、ご参考になれば幸いである。

本音でミャンマー——歴史と気質、昨日今日明日——

《目次》

第Ⅲ部　サンダル履きアジア

第Ⅳ部　本音でミャンマー
―歴史と気質、昨日今日明日―

第I部

ミャンマーにぞっこん

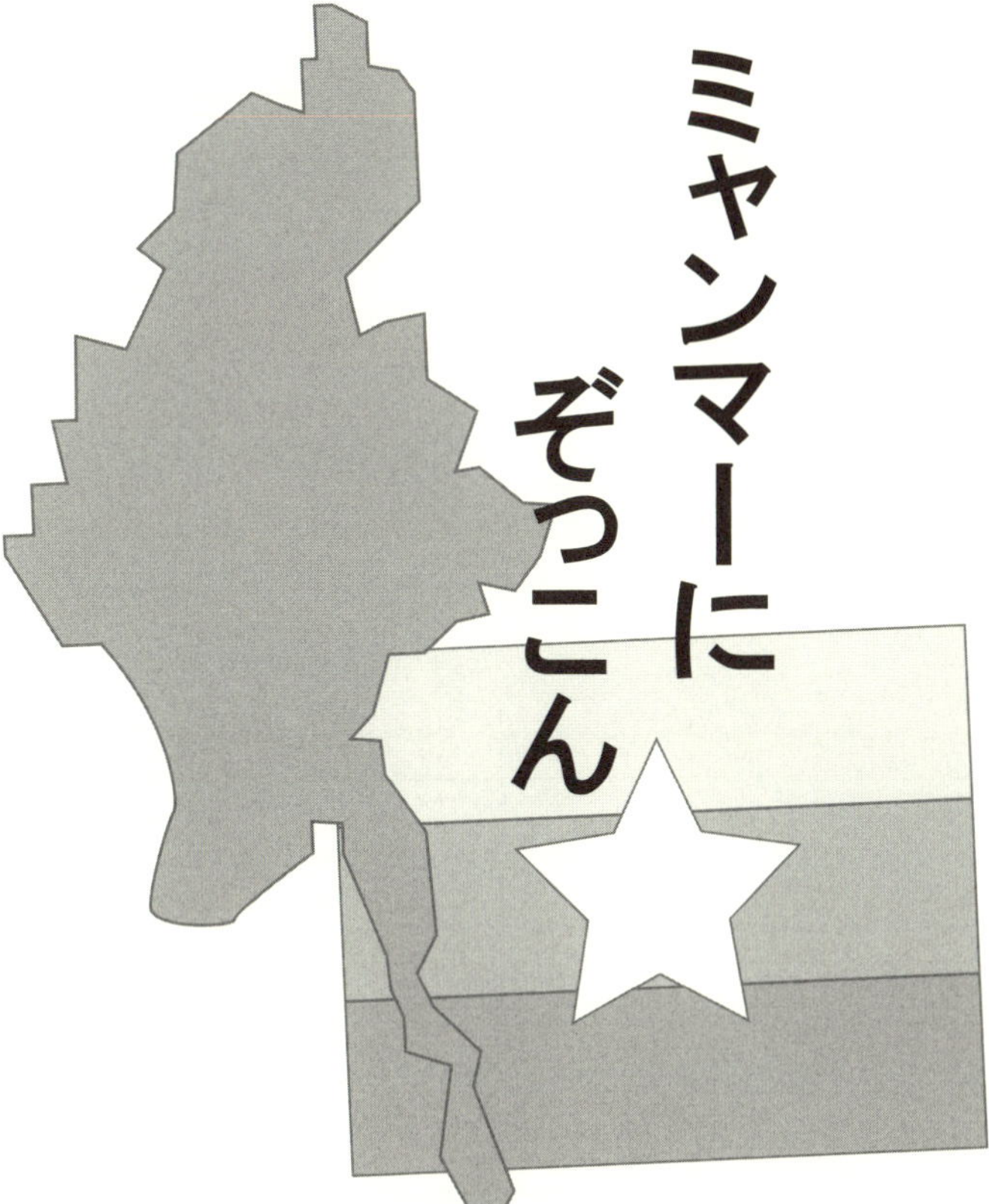

パガンの竪琴弾き

ミャンマー（旧ビルマ）の目玉は、国の中ほどにあるバガンである。アンコールワット（カンボジア）や、ボロブドール（インドネシア）と並ぶ、世界三大仏教遺跡の一つで、赤土の大地に尖塔が欠けたものを含めパゴダ（仏舎利）が、約二千数百も点在している。

一九九三年に、初めてパガンを訪れたときは、煉瓦が崩れた荒涼たる遺跡群に、ただただ圧倒されたものだ。

遺跡群の入口には、黄金色に輝くシュェズゴンパゴダがある。前には外国人観光客が集うレストランや、農協のコメ倉庫のような映画館などもあった。その一郭の民家から、明かりがもれていた。好奇心で、訪ねてみる。

「レストランにお客さんがたくさんいるとき、竪琴を弾いていています。チップが収入源でしてね。食事代に演奏代が含まれていると思われて、何ももらえない日もあります」

そう当時四十七歳のご主人は語る。妻は四十二歳で、娘は十一歳。〝竪琴弾き一家〟だったのである。

一曲を所望する。

ミャンマーのメロディを奏で出した。奥さんが、カスタネットのような打楽器で伴奏を始める。星がくっきり見える夜空に、哀切の調べが染み込んで行った。「アンコール」と叫んだら、『上を向いて歩こう』を弾いてくれた。譜面は読めず、曲は全部テープで覚えていると言う。一間だけの仮の家、というより小屋には、仏壇だけが目立ち、家具らしいものはなかった。

「こんな稼業ですのでね、子供の学校が一年遅れてしまって……。本人が、もし医者になりたいと言ったとしましたなら、かなえてあげられる親になりたいですね」

彼ら三人に幸あれと思い、少々チップをはずんだ。夫婦は合掌を返してくれた。その後、パガンに行ったときには決まって、レストランに出かけている。でも、再会は果たしていない。

日本でも、かつては津軽三味線の瞽女さんや虚無僧が各戸をまわって生計を立てていた。盛り場には、ギターの流しもいた。けれども、平成のいまは、滅多に見かけたこともないが……。


一九八二年にも、こんな経験もある。

マンダレーホテル（現マンダレースワンホテル）のレストランで、デイナーをとっていた。食べ終わる頃合いをみはからって、奥の厨房から男がやってきた。身長は一メートル八十五センチを超えていたのではなかったか。ビルマ人としては、かなり大きめである。チーフコックだと名乗った。

「日本からのお客様がいらっしゃると聞いたので、ご挨拶にうかがいました。お口にあいましたでしょうか」

流暢な英語で話しかけられた。こちらはたどたどしく「デリシャス、グッド」と答えた。気をよくしたのか、彼は一曲歌いたいという。「プリーズ」とうながしたら、直立不動の姿勢となり、やおら「見よ、東海の空明けて、旭日高く輝けば」と、『愛国行進曲』を完璧な日本語で歌い出した。子供の頃、日本の軍人に教わったそうな。少々太めの東海林太郎さんの歌は、野太く迫力があった。

日本財団の笹川陽平会長のブログによれば、二〇〇五年にインドネシアのハンセン病の病院を訪れた際、患者の男性に「見よ東海の空明けて」と歌われて、驚いたと書かれている。いわゆる南方（現在の東南アジアや南太平洋島嶼）では、広く流布していた「日本軍歌」の一つだったのかもしれない。

蛇足ながら、ミャンマー国軍は、もともと日本軍の南機関に指導され、誕生した歴史を持つ。日本軍歌のメロディに、ミャンマー語の歌詞をつけて広く歌われており、『軍艦マーチ』も軍の式典などで演奏されている。

一九九〇年代末に、かつて軍司令部があったメイミョを訪れた。

昼に立ち寄ったカレー店では、鶴のように痩せた老人があらわれ、「ワタシ、リクグン、イマシタ」と言われた。彼はインドから英軍に連れてこられ、そのときはマネーがもらえなかった、日本軍の使い走りでは小遣いをもらった、可愛がってもらった、と懐かしむ。

メイミョは、避暑地であり、英国風の街並みが残っている。カボチャ馬車みたいなメルヘンチックな馬車、毛糸の編物、マリオネットなどでも、有名な町である。最近はコーヒー栽培が盛んになってきたと聞く。

二〇一五年三月、マンダレーのウーペン橋の茶屋で、小学生ぐらいの男の子に手を引かれた盲目のマンダリン弾きと会った。早速、一曲を所望する。哀調あふれる曲が奏でられ、チップをはずむと、また、『上を向いて歩こう』で応えてくれた。

ミャンマー曜占術

占いは信じない。

朝、テレビをつけると、星座占いや血液型占いをやっている。当方に、都合のよい卦が出たときは、そうかと、ニヤついてはいる。

初めて占ってもらったのは、小学校六年の暮れ（一九五九年）、北海道庁の赤レンガ庁舎地下である。

「おっ、いい顔しているな」

中年男性に呼び止められた。占い師だと言い、見料はいらないからと、マジマジと顔、そして手を見られた。

「親を捨てるな。政治家になるよ」

そう言われた。

当時は、漠然と映画監督や弁護士、新聞記者、作家などに憧れており、政治の道に進むとは、露ほども考えていなかった。後年、なぜ、政党本部職員、代議士秘書と、政治の裏方となって行ったかは拙著（『裏方物語』時評社）を読んでいただくとして、占いは信じないと言っておきながら、気にはなっていたのも、また、事実である。

第二回目の占いは、一九九三年のミャンマー訪問のとき。第二の都市マンダレーで、中年男性占い師に手相を見てもらった。

「あなたは、八十四歳まで生きます。二人の女性に愛されていますね」

父が、六十五歳で亡くなっていただけに、長生きのご託宣は嬉しかった。それにもまして、二人の女性とは、と華やいだ気分となった。帰国後すぐ、家の主に報告する。

「そうでしょう」と泰然。

「二人だぞ」と鼻をピクピク。

「えぇ、私と、あなたのお母さんよ」

てっきり、「いい人がいるのかな」と、ちょっぴりでも、心配してくれるのかなと思っていたのだが……。

悔しいので「八十四歳と言われたからね、死ぬのは怖いし、八十三歳になったらボケるからね、介護をよろしく」と頼んでおいた。

「どうぞ、それはどなたかにでも……」

それが答えだった。

いずれにせよミャンマーは占いの国である。町のいたるところに占い師がいる。庶民から国の指導者まで、マイ占い師がおり、家庭内の悩みから国家の行く末まで、占ってもらっている。人生カウンセラーであり、経営コンサルタントでもあるのだ。

たとえば、ネウィン将軍の時代、急に十五、四十五、九十チャット（通貨単位）といった紙幣を発行された。それら数字が縁起がよい、と占われたからだそうである。

最近のヤンゴン（旧ラングーン）から、中央部のネピドーへの首都移転では、「クーデターが心配」とか、「外国から攻撃されやすいから」のほか、「占い師の助言説」もささやかれた。

元ミャンマー大使の山口洋一さんは、この「占い師説」に否定的で、「ヤンゴンは英国が決めた首都です。中央部への遷都は、ナショナリズムの反映です」と解説する。最大の都市・ヤンゴンと第二の都市・古都マンダレーとの中間にあり、確かに統治はしやすいだろう。

それはさておき、ミャンマーで人気の占いは「誕生日の曜日占い」である。

月曜日生まれはジャア（虎）、火曜日生まれはチンテェイ（獅子）と守り神がそれぞれにあり、水曜日生まれが、午前のスィーン（牙のある象）と午後のヤフー（牙のない象）に分かれている。八曜日で占われているのだ。

実は小生、その『生まれた曜日ですべてがわかる』の編集に少し関与しているので、いくらかは分かる。さらに言えば、ヤンゴンで映画のETと似ていると言われる、女性占い師に診てもらったことがある。

財布を出して、そこに置けと言われた。ドル入れの中身をあらためるのでもなく、やおら財布の上に手を置いて、紙に何やら書き出した。数字である。百ドル札の紙幣番号であった。確かに、その番号の札は持っていた。その百ドル札を財布に入れておくと、金持ちになる。そう言われたけれど、その徴候はさっぱり見られず、件《くだん》の百ドル札は、つい使ってしまった。彼女の占いの際、腕にしていた時計の裏に刻まれた製造番号も、当てられている。この話を聞いた友人は、「それは占いではないよ。透視術だな。そういう体質の人がいるんだよ」という。

余談ながら、ETのマネージャー役のお姉さんは、美人であった。もう一つ余談ながら、現在卆寿《そつじゅ》を過ぎた母とも同居している。親は捨てていない。

ヤンゴンで人力観覧車

香港のスターフェリーで、九龍半島から香港島に渡っても、基本的には町の風景は変わらない。ところが、ベトナム南部の最大都市・ホーチミンシテイ（旧サイゴン）は、そうではない。

サイゴン川を渡って、四区と呼ばれる地区に入ると、まるで違ってくる。ビルが立ち並ぶ世界から、南国の低い家屋に庶民が住む街へと変貌する（二〇一五年五月の訪越の祭、その四区が野原の再開発地区になっていて、驚いた）。

ミャンマーの最大都市、ヤンゴンでも同じことが言える。ヤンゴン川を大型フェリーで十数分渡ると、ヤンゴン市の中心部とは、まるで違う世界、タガー地区が広がる。

船賃は、地元の人たちが二百チャット（約二十円）で、外国人は二ドル（約二百四十円）である。つまり日本人は、現地利用客の約十二倍の船賃を支払うということになる。

だけど、それだけの価値はありますぞ。

渡り終えると、まず、オートバイ・タクシーや、サイカー（自転車タクシー）の運転手から「乗らないか」と声がかかる。どちらも、ヤンゴン市内では、交通渋滞を招くからと、営業禁止の代物である。

当方は、そのサイカーを好む。

スピードは遅いし、道が悪いこともあって、決して乗り心地の良いものではない。しかし、椅子は低く、当然、目線が下になる。台所やリビングも丸見えだ。豚が走り、鶏もかけている。低学年の子供たちは、何人かでつるみながら、遊んでいる。

〝昭和の子〟である私は、野菜や肉、魚を売っているマーケットや小学校、低い街並み、未舗装の道路を見ていると、一昔前のジャリ道時代の札幌を思い出して、つい涙腺がゆるんでくる。

そんな中、サイカーを走らせていくと、所在なげな若者たちが四、五人たむろしていた。それを子供たちが、遠巻きに輪を作っている。中心には、人間の力で動かす観覧車やメリーゴーランドがあった。電力が乏しい国の知恵なのであろう。お祭りなどで、移動遊園地となるのだ。筋骨隆々たる青年が、その動かし手なのである。

「乗ってみようか」

「危険じゃないのかな」

「ものは試しさ」

わが視察旅行団のオジさんたちは、チャレンジしたいと言う。

しかし、希望者は四人だけであった。

その人数で、観覧車を回してみたとしても、効率が悪い。そこで、われわれを遠巻きしている地元の子供たちも、一緒に乗せることにしましたね。大人も子供も、料金は同じ一人二百チャットである。

近所に遊器具が備えられていたとしても、お金がかかるとなれば、そうそう誰でも遊べるものではない。それが、子供らに〝乗ってみないか〟と声がかかったのだ。みんな喜んで乗り込んで行く。

「キャー」

「ワーッ」

「ウォーッ」

悲鳴とも歓声ともつかぬ驚きの声が、次々とあがる。

わが日本の大人たちも、ミャンマーの低学年ぐらいの子供たちも、大いに騒ぎ、心の底から喜ぶ。なかには、メソメソする子も、何人かはいたが……。

騒ぎを聞きつけた母親たちも、家から出てきた。状況が呑み込めると、笑いながら眺めている。小さすぎて乗せてもらえなかった就園未満の幼児たちは、小さな口をいっぱいに開けて、見上げている。羨ましそうであった。

ヤンゴン川を一つ渡ると、そこはまったく別世界なのである。

台湾からの旅行団は、旗を立てながら、路地裏見学にやってくる。北京の下町での鐘楼や四方院をめぐる胡同（フートン）見学みたいなものである。

けれども、ミャンマー旅行では、日本人や欧米人は、団体も個人も、なかなか、そこを訪れようとしない。

たしかに、名所も歴史的建造物も何もない。しかし、ミャンマーのいま、地方の生活を知る一助となる町なのだ。

帰りのフェリーは、みんな無口であった。

船の一部に、外人専用の座席があったけれど、そんなところを利用する気など、さらさら起こらない。ただ、川をゆったりと渡り、近づいてくる対岸のイギリス風ビル群を、眺めているだけである。

物乞いや米国系ピザ店

日経に面白い記事が出ていた（二〇一四年八月三十一日付）。

「ミャンマーの移民・人口省は30日、今春に実施した国勢調査の暫定結果を公表した。総人口は約5141万人で国際機関などの従来推計より1千万人以上、少ない水準だった」という。

本当に驚いた。

中国の推計十四億人が、一千万人少ないというのではない。六千万人と言われていたのが、実は五千万人だという。ミャンマーのある友人は「いいえ、六千万人で間違っていません。タイやマレーシア、シンガポールと海外に行っているんです」と言った。確かにお隣りのタイだけでも、三百万人のミャンマー人が行っていると聞く。

それはさておき、前回の「ミャンマー国勢調査」は、三十一年前の一九八三年であった。本格的な「国勢調査」を実施するためには、国内の治安の安定と、膨大な費用がかかる。民政への移管、武装勢力との停戦交渉の進展、国際機関の支援などもあって、二〇一四年の調査が実施できたのである（二〇一五年末の日本の「外務省ホームページ」によれば、五千百四十万人となっている）。

ミャンマーは中国、タイ、ラオス、バングラデシュ、インドと国境を接している国だ。だからして以前から、隣国からの越境者が絶えない。「雲南人（中国）は、ミャンマー人の戸籍を買う」という話も聞いた。ミャンマー人となると、企業活動などで外国人であるよりも有利だから、というのが、その理由らしい。

福建人三世の友人が、それを教えてくれた。

そして「僕らはミャンマー語を話せますし、こちらに家があって、実際に暮らしてもいます。ですから、法律をきちんと守って、納税もしているのですよ。しかし、三世までには、選挙権がないんですね。それに医学部にも入れない。ところが、彼ら雲南人はミャンマー語が喋れないですし、税金も逃れようとする。そうであったとしても、選挙権はある。それよりも何よりも、ミャンマー国内で悪いことをしては、すぐ中国（多くは雲南省）に逃げ帰る。すると、また中国人がやったと、批判されるのは、こっちでして……」と怒る。

隣国から難民として入ってきた人や、出て行った人もいるし、外国に出稼ぎに行ったままの人もいる。「国勢調査」は、大変なのだ。

最大都市ヤンゴンの中心部は、ビルの建設が相次ぎ、交通渋滞が一段とひどくなってきている。

ところで、ヤンゴン市のいまの人口は、いくらあるのか。

従来、約五百万人から六百万人の間ぐらいではないか、と言われてきた。それが、いまでは「ヤンゴン近郊も入れると、八百万人ぐらいはいるのではないですか」という地元の人の声を聞いた。

確かに、ヤンゴン市の郊外には、ニッパヤシの葉などで作られた、俄か普請の家（と言うより「小屋」?）が、多数作られていた。農村からの都市流入が、確かに始まっているのである。

皮肉なことに、軍政時代、ヤンゴンの中心部を歩いていても、ほとんど見かけなかった物乞いやホームレスが、いまでは頻繁に見かけるようになった。

ミャンマー第四、第五の都市、モウラミューンとパテインにも行ってきた（二〇一四年八月）。タクシーは、オートバイが主流であり、四輪のタクシーは少ない。旅の時点では、外国人観光客も見かけなかった。食事は副菜を四、五品取って日本円にすると百円、二百円の世界である。物価は、ヤンゴンに比べると格段に安い。物価だけでなく、賃金もヤンゴンより三割は安いとも聞いた。


話は替わる。

ヤンゴン市の中心部には、外資系ファストフード店が多数できていた。米国系のピザプラザに入る。当方ら三人がパスタを三種、小さいピザを一枚、そしてドリンク三杯をとって二万九千チャットである。つまり、日本円で二千九百円だ。東京と、それほど変わらないのではないか。それでも、夕方の五時過ぎには、地元の家族連れが、行列を作っている。ほんの数万円の俸給者が多いはずの町だが、明らかに流行っているのである。

韓国系ファッションの店もできた。海外からブランド店が押し寄せてくるのも近いだろう（ベトナムのホーチミン市が、そうなってきている）。

日本の百円ショップも、人気を博している。ビルの壁に大型画面が据え付けられ、コマーシャルも流されていたりするし、少なくてもヤンゴンは、ほかの東南アジアの大都市と変わらない風景が、日に日に広がってきているのである。

ヤンゴンで、金利が安い（かつて月一〇％だったものが三％になったと聞く）消費者金融も始まった。そこの経営者の話によれば、当局から「大きな金庫の備え付け」を薦められたという。

このまま国民の間の経済格差が、より広がって行ったとしたら、何かのきっかけで都市暴動が起こりかねないと、心配しているのかもしれない。なお、その金融会社では、月収の二倍まで貸しており、業績は好調だそうだ。

ミャンマー世界遺産旅行

二〇一四年六月、ミャンマー中部の古代遺跡三カ所が、世界遺産に登録された。これらを盛り込んだツアーは、いまのところ見当たらない。そこで、気のあった知友人を誘い、四人で四泊五日の〝世界遺産めぐり〟をしてきた（二〇一五年三月）。

第一日目。

ヤンゴンから北へ三百二十キロ、ピイにワゴン車で向かう。並木や田んぼが続く農村風景が多くあり、心が和む。

二年前のピイ旅行では、道路脇で用を済ませた。現在は、そこここにできたガソリンスタンドで、トイレを借りることができる。残念ながら、旅行時にはコーヒースタンドは併設されていなかった。お茶を飲もうと思えば、昔ながらの道路沿いの食堂となる。

そんな食堂の一つ、ピイ近郊の「大阪」で、麺を食べた。日本でいえば、油そばみたいなものである。汁そばではない。さっぱり味で、お替りを所望した。店名は、大阪万博に行き、料理のヒントを得たからだそうな。

ピイは、古都である。

人口二十万を擁する中核都市だ。商店も多く、町は活況を呈していた。郊外のモウザ村にある世界遺産、シュリー・クシュトラ（タイエーキッタヤ）遺跡のボウボウジーパコダに行く。親指を突き立てたような太い円筒形の仏塔である。レンガづくり。金箔は貼られていない。素朴な趣きを感じた。

ピイ市で、ぜひ夕方に訪れてほしいのは、シュエサンドーパコダである。「黄金の魂の山」

の意味で、金箔の伽藍だ。イラワジの大河を眺めながらの日没は、気を引き締めてくれる。絢爛たる大仏も、すぐ隣に立っている。

夕食は、イラワジ河沿いの「横浜」でとった。日本人が経営する日本食レストランである。経営者の上村正幸さんは、奥様を亡くされてから、この地で開業を思い立ったという。現地の食材を使っているのだが、味付けは日本風。箸が進んだ。レストラン経営のかたわら、日本語学校をはじめて、地元の子に日本語を教えているとのこと。ピイに泊る。

第二日目。

北に三時間ほど走って、ベイタノー遺跡を訪れた。二世紀あたりの城郭跡と、出土品を納めた博物館があり、入館のためにパスポートの提示が求められる。銀製の稠密な細工を施された貨幣など、見所は多い。

また三時間ほど走る。その日はネピドー泊り。二〇〇五年に誕生した新首都である。十車線の道路があり、森の中に各省庁が建っている。ホテルやスーパーマーケットなども整っていた。

第三日目。

新首都ネピドーで、一番のお薦めは軍事博物館だ。ギリシアの神殿のように壮大であり、展示物も豊富である。日本軍南機関の鈴木啓司機関長の写真も、飾られていた。ミャンマー独立に、日本が果たした役割も学べる。

歴史を感じた後は、また北へ。高速を三時間、第二の都市マンダレーに着いた。夕食は中華にし、中国の影響が強い同市に泊まる。

第四日目。

さらに北に三時間、ハンリン遺跡に到着。ここは二、三世紀の城郭遺跡がある。生活用品などが出土した遺跡後も、見ることができた。

近くに摂氏三十二度の温泉がある。奥様方が洗濯とお喋り。幼児たちは水遊びに興じていた。当方らも足湯を楽しむ。

「ここに、入浴施設があったらねえー」

「日本人なら来るけどさ……」

そんなことが、つい口に出た。ラシオ温泉、インレースパと、当方はミャンマー三湯目である。

帰途、サガインヒィルに立ち寄る。日本軍の慰霊碑で、インパール作戦の犠牲者たちに線香を手向けた。この日もマンダレーのホテル泊りである。シャワーのみの部屋が多いためか、欧米観光客が目立った。

第五日目。

マンダレーヒル麓のグレードーパコダの「世界最大の経典」と言われる、仏教経文碑文を見学する。

以上、世界遺産を見終えて、飛行機でヤンゴンに戻った。

現在、国内航空会社は十一社で、サービスも料金も似たり寄ったりである。観光立国と言いながら、博物館でパスポートの提示を求めるなど、不慣れな状況も散見された。観光インフラの整備と、サービスの改善が求められている。

夢はミャンマーでロングステイ

当方は、大のミャンマー好き（昔流に言えば〝ビルキチ〟）である。一九八二年から二十六回ほど、彼の地を踏んでいるのだ。仕事ではない。ただ、ぶらっと訪れて、パゴダ（仏舎利）に参拝し、街角で行きかう人たちを眺めているだけ。それで心が和む。

雨季の真っ最中、最大都市ヤンゴンのホテルで、旧知の篠田豊さんに会った（二〇一四年八月）。

「ビザは、何でこられたのですか」

「七十日間のビジネスビザでして……」

篠田さんは七十一歳（当時）。元全国紙記者で、私大の元教授でもある。ミャンマー語を学ぶため、この五月からヤンゴンにきている。

「留学志望の外大には四十五歳以上はお断りと言われましたし、観光ビザは二十八日間ですので……」

「期限がきたら、いったん出国されるのですか」

「そういうことになりますわね」

いま小学一年生の教科書を勉強しており、最低でも四年生位までは進みたいという。

「こちらの発音は難しいですよ。同じ『タ』でも、数種類ありますし…」と言って笑う。その表情は明るい。

たしか十数年前、ヤンゴン中心部の安ホテルで出会った大阪の元教師（当時、六十数歳）も、そうであった。

「主人と離婚したでしょ、一人娘が『お母さん、退職したんだから、好きなことやれば』と言ってくれまして……。二十八日間ミャンマーにいて、いったん帰国して、またすぐにやってきますよ」

滞在先の部屋には、テレビはあるがバスタブはなく、ホットシャワーとトイレのみ。朝食（トースト二枚とコーヒー、ボイルドエッグ、バナナ一本）も付いていて一日十ドル。暇なのでミシンを買ってきて、ロンジ（民族衣裳）の生地を使い、袋を作ってお土産屋に卸していると語っていた（本当は、観光ビザ入国者が仕事をしては、違法なのだが……）。

マレーシアは九十日間、タイは六十日間、観光目的ならビザなしで滞在できるし、一定の条件を満たせば、長期滞在が可能な退職者向けの長期滞在ビザを取ることもできる。それに比べると、ミャンマーでは、滞在資格問題が明らかにネックだ。さらに、宿泊施設が不足し、高額でもあるのが響く。

　現地旅行社のミャンマー人社長は、嘆いていた。

「ホテルは二〇〇八年ごろですと、スタンダードでも一泊二十ドル、デラックスでも五十ドルだったのが、二〇一一年春の民政移管後、にわかにビジネスマンや観光客が増えて、ゲストハウスで三十ドル、スタンダードで百ドル、デラックスだと二百ドルを軽く越えるようになってきたので……」。それで、長期滞在者向けの割引もほとんどない。ウィクリーマンションも、コンドミニアムも、キッチン付きホテルアパートメントなども、まだ発達していない土地柄で、そうなのである。

　現地の人と同じレベルの住居なら、すこぶる安い。

が、しかし、日本人が利用する電気、水、安全の心配がない高レベルとなると、最低でも五万円以上はする。場所にもよるが、少なくても月十万円以上の出費を、覚悟したほうがよいのかもしれない。

　ところで、滞在先探しの情報は、どこで得られるのか。一つは現地旅行社である。もう一つは、現地邦字媒体の活用であろう。また、現地サイトを利用する方法もある。

　サイトを利用して見つけた瀧野隆さん（七十二歳）に、宿で会う。

「ヤンゴン市内の高級住宅地にあるシュアハウス・ミャンマー・ナイン・エレファント（一泊四十ドル）は、きれいで快適ですよ。経営者は、ヤンゴン外大の出身で、日本語を喋ります」

瀧野さんは、元高校の社会科教師である。これまで、ミャンマーに小学校などを寄贈してきた。だが、贈るだけでは駄目だと気づき、自立への支援が必要であると考えた。

福岡市のライオンズクラブ会長をしてきた経験を踏まえて、いま地元の人たちにライオンズクラブの設立を呼びかけ始めている。ミャンマー政府も、それに理解を示してくれているという。

ミャンマー近代化に向けて、道路、電力などのインフラ整備といったハードの面だけではなく、ソフト面の支援も必要不可欠なのだ。

実際に、ロングステイをするとなると、まず気になるのは、気候と食事と医療である。ヤンゴンの場合、三月後半から四月にかけて猛烈に暑く、四十度以上にもなる（暑季）。五月中旬からは雨季で、雨が降っても気温の面では過ごしやすい。十一月からの乾季は、東京の五月みたいに爽やかで、たいへん気持ちがよい。

食事は、インド風に近いビルマ族のカレー料理から、中国風に似たシャン族の料理まで、同じミャンマー料理といっても幅が広い。日本料理店も、ヤンゴン市内に百軒以上もあって美味しい店も多い。ただし、料金は日本並みと考えておいたほうがよいだろう。

米国ほか外資系のファストフード店も、続々と進出し、それなりに繁盛している。日本食用の食材やインスタント食品も、町のスーパーで売っているから部屋で調理したらよい。

医療のほうは、普通の病気治療なら、地元の病院で、まず心配はない。ただし、難しい病気なら、飛行機で一時間半のバンコクの病院に行ったほうが安心だ。

いずれにせよ、ミャンマー人と同じ生活をするのなら、生活費が数万円も可能となり、驚くほど安く済ますことができる。しかし、日本での生活レベルを求めるとするなら、明らかに数十万円となる（住居代で大きく異なる）。

緑の中に町がある感じのヤンゴン市は、交通量が増えたとはいえ、癒やされる人が多い筈。タクシーは交渉制である。英語が通じやすい国だが、ミャンマー語で書かれた住所カードも、持参されていたほうが無難だ。

国内には、「世界三大仏教遺跡」のバガンやユネスコ認定の世界遺産三遺跡など、観光名所が目白押しである。国民性も穏やかだ。日本人に対しては、日緬両国の歴史的経緯もあって、親切である。基本的には、ロングステイの適地なのである。

だが、あと数年、ホテル建設やインフラ整備がなされてからのほうがよろしいのかもしれない。いまはミャンマー関係の本を読むことと、ロングステイの下見旅行をお勧めする。

（註・年齢や物価等は、二〇一四年八月の取材当時）

第II部

アジアに〝三日酔い〟

桂林、漓江下りで事件

初訪中から二十年（平成七年＝一九九五年）、また同じ訪中団の有志で、中国に行った。親指を突き立てたような山が次々を現れる桂林では、漓江下りの観光船に乗った。

船が南画の世界をゆっくり下って行く。甲板に出て、左右に迫ってくる、木のない鋭い山々を眺めていた。水深は二、三メートルぐらいか。川底の石が見える。澄んでいて清々しい。

目立ったのは、北陸某県のゲートボール協会の団体である。五、六十代の男女が十数人で、船室に閉じこもり、酒を飲み、談じ、次々と売りにくる土産物屋をひやかすのに余念がなく、景色なんて、ちっとも見ていない。

それは勝手だが、いただけなかったのは、秘書長のプレートをつけたゴルフズボン男の行状である。一人でデッキに立ち、ポケットに手を突っ込んだと思ったら、川の子供たちに何かを投げ込んでいる。

十数人の裸の少年たちは、口々に「ハロー」「ハロー」と叫んでいた。百円玉であったのだ。彼らは捕るのに必死だった。捕りそこねた少年は、川に潜って見つけ出し、片手にかざして、「プリーズ」と叫ぶ。

子供たちは、一枚でも多く捕ろうと、船に近づいてくる。操舵室にいた船員が出てきて、秘書長を睨みつけ、赤い布をつけた棒で前の甲板を叩く。「危険だ」「やめろ」「やめてくれ」と、懇願しているようでもあった。

にわか銭形平次は知らぬ顔の半兵衛である。反対側に回って、また小銭を投げ出した。同じ団のオバさんたちも出てきて、ミカンやお菓子を投げて笑っている。

わが訪中団のM女史が「やめて下さい」と叫んだ。その睨みが効いたのか、彼らは船室に戻った。子供たちには、親分がいるようであった。〝越後角兵衛獅子〟の世界である。

後に、それは禁止されたときく。M女史の投書が「産経新聞」に掲載されたためかもしれない、再訪していないので、確認はしていない。

トルコのインテリ

トルコは、経済成長が見込まれて、外国からの進出企業も多い。日本の銀行もイスタンブール支店を出し、日系企業らに情報を提供しているという。

十数年ほど昔、在日経験のあるトルコのインテリ青年と議論したことがある。

「なぜ、トルコは国防力を強化するの？」

「国防こそ最高の福祉ですよ。国民の生命、財産を守れなくて福祉政策だけを唱えてみても、それは駄目ですよ」

「ロシア（旧ソ連）などの脅威は、薄まったんじゃないの」

「でも、わが国はイラン、イラク、シリアなど、価値観の違う国に囲まれているんですよ」

「ギリシアとの争い（キプロス島問題など）のほうが、大変じゃないかな」

「えぇ、領土問題はありますがね、でも、あの国は民主国家ですし、話し合いで解決する可能性はあります。しかし、宗教国家とは、そうはいきません」

きっぱり言われた。

たしかに、ギリシアの通貨危機にあたっては、トルコはギリシアへの財政支援に乗り出している。

トルコは、中央アジア諸国から中国の新疆ウイグル自治区までの〝トルコ系住民〟との共鳴、連帯感もあり、同じイスラム世俗国家として、インドネシアやマレーシアなどとの連携をはかることもできる。宗教色を強い政党は、憲法違反として裁判所から解党を命じられるか、「国是」違反ということで、軍部クーデターが起こされかねない国柄ではある。

政権政党・公正発展党は、かつて解散させられたイスラム政党・福祉党の流れを組んでいる。

「ドイツでいえば、キリスト教民主同盟みたいなもの。宗政一致を行うものではない」と言ってはいるが……。

ところが現在、エルドアン政権が、マスコミなどに対して強権的で、大学でのスカーフ着用を認めるなど、イスラム色を滲ませてきているのが気にかかる。

拙著が縁で

ミャンマーについて、講演を頼まれることがある。前の席の若い男性が「先生の本（『ミャンマー百楽旅荘（パラダイスホテル）』三一書房）を読んで、ぜひご本人にお会いしたいと思い、やってきました。ミャンマーにも行きましたし、私の奥さんもミャンマー人ですよ」と言うではないか。

拙著を読んでから、ミャンマーに行ったのか、ミャンマーに行ってから、拙著を読んだのか、肝腎なことを聞きもらしたが、嬉しかった。ほかにも、もう一組、拙著が縁で、夫婦となったカップルも知っている。

もう一つある。

十数年ほど前の夏、ヤンゴン空港で、タイへの飛び立ちを待っていたときだ。日本の男子大学生と言葉をかわしていた。

「ところで、何故ミャンマーに来たの」

「えぇ、『パラダイスホテル』というタイトルの本を読んだからです」

「えっ、それ、僕が書いた本だよ」

そう言ったら、先方は驚いていた。N君といい、関学の四回生であった。翌年二月、関空で「寺井さーん」と声をかけられ、振り返ってみると、彼が立っていた。卒業記念でミャンマーに行くが、ホテルは決まっていないという。在ヤンゴンの友人を紹介すると、そこに何日か居候したようで、あとで礼状がきた。

ヤンゴンの土産物屋で、拙著の海賊版が、一冊十五ドルで売られていた。「自分が著者です。見本として一冊もらいたい」と店主に言ったら、「商品だから買ってほしい」との返答であった。しかたがないので三ドル値引きしてもらって、十二ドルで購入してきた。

釈然とするものではない。海賊版は、後に国立博物館でも一流ホテルでも見かけた。著作権など主張しても無意味の国なので、海賊版でもなんでもよいから、売れてほしいな、と思っている。ところで、いまでも売られているの？　そう思って、またミャンマーに行ったら、ヤンゴンのチャトリウムホテル(元日航ホテル)の売店で見かけた。なぜか腹が立つより嬉しかった。

中国系マレー人学生

〝尖閣問題〟に対する中国の居丈高の姿勢に、反撥する人は多い。当方も、その尻馬にのったわけではないが、大学の授業で一言。

「デモまでは、先方には先方の主張があるのだから構わない。しかし、商店を襲い、略奪することは何事か。しかも、その蛮行を自国では報じていない。都合が悪いと報じない、報じさせないのが、彼の国のマスコミだ」

そう批判した。「ジャーナリズム論」でのことである。少し刺激的過ぎたかな。中国人留学生から抗議でもくるかな。そう思ってはみたけれど、大多数の日本人学生を含め、さっぱり反応がない。

ところが、授業を終えると、中国人風の男子学生がやってきた。

「先生、あの話、もっと言って下さい」

「えっ、キミは？」

「ハイ、KL（クアラルンプール）からの留学生です」

「中国系、それともマレー系？」

「中国系ですが、私はマレーシア人です」

この答えには、しびれましたね。

それはそうと、中国本土では、政府是認（？）の過激なデモが、繰り広げられた。日本で中国への抗議デモは行われたのか。いわゆる民族派の街宣カーによるアピールがあったとしても、自分の教え子たちの反応をみていると、大きなデモや集会などは、行われなかったのかもしれない。

中国大陸で何か起きると、香港とマカオのことが気にかかる。一九九七年に香港、一九九九年にマカオが本土復帰を果たした。植民地から解放されたのだから、もっと喜んでもよさそうなものだが、両住民とも、〝大陸復帰〟を心から喜んでいるとは、とうてい思えない。香港が英国支配から脱するとき、「香港が中国になるのか、中国が香港になるのか」といった問題提起が、一部学者からあった。中国の急速な経済発展を見ていると、後者かな、という考えもよぎったりした。しかし、香港で、〝雨傘革命〟と呼ばれる街頭活動もあったけれど……。

ASEANも知らず

大学の授業で、ビジネス誌のアジア特集を紹介した。ついでに「ASEANって、どんな国がある?」と、後ろの席の男子学生に答えを求める。

「南のほうだから、台湾ですか」

自信なげに答える。

「違うな、ちょっと近いけど……」

「ウズベキスタンです」

「それは中央アジア。ほかにないか」

「カタール」

「それは中東だ。なんだかサッカーの強い国ばかりあげている気がするな」

ここまでは、冷静でおれた。次に勢いよく「ケニアです」と答えた学生がいる。

「おい、おい、それはアフリカだろう」

少し声が尖ってしまった。『少年ケニア』のケニアだ」と言おうかとも考えたが、彼らの父親だって、それを知らない世代である。だから、言わなかった。「地図帳か地球儀を見て、勉強しろ」とだけ、注文をつけた。

前のほうの席の女子学生に答えを求めると「ベトナムです」「フィリピンです」「タイです」と、まっとうな答えが返ってきた。ただし、発音が微妙に違う。中国や韓国、ベトナムなどからの留学生たちであった。総じて勉強熱心で、前の席に座る。授業を終えると、中国系に見える女子学生がやってきた。「先生、なんという雑誌でしたか。図書館で読みたいので……」という。

雑誌名を教え「ところで、君はどこの省（中国）から？」と訊いてみた。

「いえ、私、大陸じゃないんですよ。香港なんで」

嬉しそうに答える。

「なぜ、留学したの？」

「香港には、大学がたくさんないんです。難しくて……」

正直な子である。先方が難しくて、ということは、こちらは？

「ビザ」を取って

平成十六（二〇〇四）年、ミャンマーで開明派と言われていたキンニュン首相兼情報相が突然、解任された。自宅軟禁されている、と言われていたので、どう町が変わったか、現地を見に行きたくなった。東京のミャンマー大使館に、観光ビザを申請する。旅行社の代理人が、大使館領事部の窓口氏から「新聞社勤務の方は、ジャーナリストビザを取って下さい」と言われて、帰ってきた。

当時、当方は、産経新聞東京本社勤務である。既に記者職からはずれていて、内勤となっていたが、「新聞社勤務だから観光ビザは駄目」というのは、それなりに「理」にかなっている。

しかし、それまでは、いつでも〝観光〟で入国していたのだ。新聞社に入ったときに「これからはジャーナリストビザが必要ですか」と、ミャンマー本国の情報局の友人に訊ねたことがある。情報相の副官を務める彼（当時、中佐）は「君は、わが国にとって、とても大切な友人だ。何のビザでも構わないよ。取りやすいのにしてくれ。いつでも入国を歓迎する」と言われた（その男も、〝政変〟にともない収監されたが、現在は釈放されたと聞く）。

そうではあったが、「指示に従う」と述べたところ、今度は「『この者に書かせません』という編集局長の文書と、『自分は書きません』という本人の誓約書を出せ」と言ってくるではないか。

これには完全に〝切れ〟ましたね。「観光ビザなら、そういう『文書』も、『誓約書』も出す。ジャーナリストビザなら、書くのが本分だ」と啖呵を切って、申請を取り下げた。NHKのアジア番組を見ていたら、道傳愛子解説委員が「六年あまりビザがおりず、ミャンマーに行けませんでした」と語っていた。当方も、彼女並みの大物ということなのか。

そんなこんなはあったけれど、軍政から民政へと代わって平成二十三（二〇一一）年以降、また何度もミャンマーを訪ねている。

「JICAがんばれ」

ミャンマーで十五年ぶりに鉄道に乗った。区間はヤンゴンからバゴーへの七十キロ。日本でいえば東京から鎌倉にあたり、寝釈迦で知られた古都である。所要は二時間だが、実際には二時間半かかった。

座席の背もたれのカバーは、灰色（本来は白い）がかっており、リクライングシートも倒れたままで元に戻らない。タテ、ヨコとも揺れがひどく、以前よりも明らかに乗り心地が劣化している。

「アッパークラスというけれど、座ったままで、アッパーカットを喰らうクラスだね」と、同行氏に冗談を言っていたら、ロンジャンガール駅で途中停車となった。

隣の線路では、保線工事が行われている。三十六度の炎天下だ。しかし、働き手の工夫たちは、厚手のビニール製と思われるチョッキをしっかり着込んでいる。左右の胸のあたりには、ミャンマーと日本の国旗が描かれていた。ＪＩＣＡ（国際協力機構）の文字も、はっきり見える。

思わず、車窓から身を乗り出して「ＪＩＣＡがんばれ」と、大きな声を上げてしまった。監督者が飛んで来る。

「日本の方ですか」

日焼けした中年男性であった。

彼によれば、平成二十七（二〇一五）年から日本のＯＤＡ（政府開発援助）によって、ヤンゴン・マンダレー間の保線工事が予定されており、監督者となるべきミャンマー人を指導・訓練をしているとのこと。同区間は六百二十キロもあり（東京・西明石間に匹敵する）、十五時間かけて夜行列車が走っている。乗ってみると、タテ揺れがひどく、ほとんど眠られなかった体験がある。

それを思い出し、「がんばって下さいね」と言って、何か渡そうと思ったが、あいにく持ち合わせがない。そこでコンビニで買い求めてきた、百年以上続く森永キャラメルの袋詰めを差し出した。「やぁ、嬉しいです」と言ってくれた。異国での日本のお菓子は、感激なのだ。

ポッキーやアーモンドチョコも、海外で人気があると聞く。

ヤンゴン市の鉄道（環状線）は、四十六キロある。一周するのに約三時間かかるそうだが、今回は乗らなかった。

ミャンマーでは〝三語〟

国際会議のテレビニュースで、日本代表だけが、各国首脳の輪から離れている映像を見せられる。会話力のせいか、出席者が、ころころ代わるためか。

筆者も英会話能力がまったく弱く、国際会議が苦手だ。ミャンマー母子福祉協会（ＭＭＣＷＡ）に訪問したときのことである。先方は女性幹部が三十人ぐらいそろい、清楚な感じの美人会長が、流暢な英語で挨拶された。

我らアジア母子福祉協会（ＡＭＣＷＡ）訪問団は、男子三名のみ。団長が当方である。日本語で挨拶に立った。最後に「実はミャンマー語を三語だけ知っています」と述べると、会場の誰もが「エッ？」と怪訝な表情に変わった
「それは、ミンガラバ（こんにちは）、チズデマレー（ありがとう）、ラーレ（かわいい）です。本日は、ラーレな方々ばかりでして、花園に舞い降りた気分でして、本当に幸せです」

そう続け、訳されると、会場は笑いの渦だった。

数年経って、また、そのMMCWA本部に行った。今回は、英仏語が堪能な山口洋一元ミャンマー大使が団長である。のんきに構えていたら、歩きながら新会長と会話をかわさなければならない瞬間が生じた。「ラストイヤー、ジュライ、マイ・フレンド、ヤナギサワ」と単語を並べ立てる。実は前年、長年の友であり、AMCWA理事の柳澤信一郎君が単身、同協会を訪ねているのである。

会長は「ヤナギサワ、ヤナギサワ……」と呟く。通じていないのかな?「ミスター、ヤナギサワ・シンイチロウ」と畳みかけると、彼女は破顔。「オー、ミスター、シン」と笑われ、「シンによろしく」と言付かった。

「シン」は、彼の国では女性名前とのこと。柳澤君がネピドー空港に降り立ったとき、迎えにくるはずの車に会えなかった。仕方なくタクシーで本部を訪ねたら、ビックリされたという。先方は、女性が来るとばかり思っていたからである。

余談ながら、彼にミャンマーへ行ってもらってよかった。「英語はダメ」と謙遜するが、元大使と同じ超一流国立大学出である。できないと言っても、当方とは、まるでレベルが違うということだろう。

慶州では非常訓練に

韓国の釜山に行ってきた。

お隣りなのだが、久方ぶりである。前回は福岡から高速船ビードル号に乗って海から入った。約三時間の旅だったけれど、異国情緒を感じたものである。今回は成田から飛行機で二時間、あっという間。車で市内に入っても、ほとんどときめかない。

町を歩いてみて、気がついた。服装に日本との違いを感じさせないだけでなく、日本語の看板が、目につくことである。

かつては、日本文化の進入に警戒的であった。日本の映画、テレビ、歌謡、出版の流入を制限していた。私が以前に訪れたときも、まだそうだった。裏通りの古本屋で、一カ月遅れの『文藝春秋』誌が大事に売られていて、感激したものだ。

もう、そんなことはない。堂々と最新号を買うことができる。邦画も観られるし、アニメも観られる。歌謡ステージだってあるのだ。大きな変化と言える。町の食堂のメニューは、カラー写真付きで、日本語も書かれているから、言葉の心配はない。

チャカルギ市場に行った。

鮮魚を、その場で食べられ、人気を呼んでいる。海よりの裏手にも、魚屋が続く。角の店に入って、平目の片身を刺身、残りは焼きで食べた。もちろん活きがよく、美味しい。ただ、韓国醤油は甘く、粉ワサビは濃い緑色。「次は日本から醤油とワサビの持ち込みだな」と思った。もう一つは鉄板焼きであり、「これが炭火焼きなら」と思わぬでもなかったが、満足である。

二日目は慶州観光である。

古都であり、世界遺産もあって、見所も多かった。それと収穫は、ガイド嬢である。三十代後半のインテリ風の既婚者であった。

「韓国では、大統領はやめると汚職でよく捕まるね」と言ったら、「ハイ、恥ずかしいですよね」と消え入るような答えだった。

その慶州滞在の日が、全国統一の非常訓練の日にあたり、午後二時から車が一時、全面的に停止する。北朝鮮と対峙している国であることを、あらためて思い知らされた。

お薦めはダラット

ベトナムのダラットは、海抜一千五百メートルにある。年間通して、気温は二十度前後。高原キャベツの産地で、ベトナムの軽井沢と呼ばれる新婚旅行のメッカだ。

ホーチミン市から、韓国現代社製のハイデッカー車で、ダラットに向かった。林芙美子が「九十九折りのドライブウェイをトラックはぐうんぐうんと唸りあげながら登った」（『浮雲』新潮文庫）と書かれた道も、いまは簡単に登って行く。

松林の中には、フランス風コロニアル建築と色とりどりの花。最後の皇帝、バオダイ帝の別荘もあった。規模は大きなものではなく、小金持ちの別荘ぐらいの規模である。書斎には

「山河社稷」の額が飾られていた。

湖や滝、松林や愛の谷など見所も多い。一番のお薦めは、テレビ朝日系の『世界の車窓から』でも紹介されたトライメット村までの七キロのミニ鉄道である。

駅舎は、門司港駅の小型版のような本格派であり、真ん中が吹き抜けとなっていた。ホームは二本あって、小型蒸気機関車とディーゼル機関車が待機している。三両編成で時速は十五キロ。花が咲き乱れる丘陵地帯をゆったり抜け、二十分足らずで終点に着く。そこには駅舎がない。

貸切列車（約十一ドル）で行ったので、列車を待たせて、有名な霊福寺をお参りした。

ダラット市の中心部には、ロータリーがある。階段広場となっていて、トウモロコシ、オカキやモチ菓子、スルメ、イチゴといった食べ物から、Ｔシャツ、ジャンパーなどの衣類まで、種々雑多な物売りが出ている。

階段を下りると、市場がある。表通りには、街のラーメン屋を立派にした店がまえで、海南島からやってきた華僑二世が切り盛りしていた如南飯店があった。そこの炒飯や麻婆豆腐の味は絶品。本格的で忘れられない。

ロータリー近くには、ライトアップされた東京タワーそっくりの鉄塔もあった。考えてみれば、本家はパリのエッフェル塔である。ベトナムは、旧仏領インドシナでありました。

「セデック・バレ」

最近、立て続けに、台湾に関する映画を観た。『セデック・バレ』（ウェイ・ダーション監督）は四時間三十六分の大作で、昭和五（一九三〇）年、台湾中部で起こった叛乱、霧社事件を描いている。

長時間でもあり、ダレルかな、反日的だったら嫌だな、と事前に身構えていた。しかし、それは杞憂。素直に見入ることができた。

台湾には明、清の時代に中国大陸からわたってきた福建人などの多数派（本省人）のほか、一九四五年の日本敗戦以降、大陸から逃れてきた国民党軍などの少数派（外省人）、そして、それら漢民族のほか、きわめて少数派ながらもアミ族、タイヤル族など十六の政府認定諸民族がいる。戦前、蕃族とか生蕃とも呼ばれ、「高砂族」と総称されていた。

その一つ、セデック族三百人が蜂起したのが、霧社事件だ。地元運動会で日本人を襲い、武器庫から略奪した武器で、警察や日本軍に戦いを挑む。完全な負け戦となり、民族存亡の危機に陥るとリーダーは知っていた。

それでも、民族の自立と尊厳を賭けて決起した。彼らは「山深い桃源郷で大地と共存し、周囲の動植物と調和しながら生きていた。その一方で戦った相手の首を狩る〝出草〟という古くからの風習も残っていた」（同映画パンフレットより）という。

驚くことはない。

敵の首を獲るのは、日本やアジアの諸民族の間でも、よくあったことではないか。映画では、セデック族の父祖の地の大自然や、哀調を帯びた音楽が、圧倒的に迫ってくる。日本でも活躍したタイヤル族のビビアン・スーが、着物姿で日本人女性を演じていた。

清国政府が〝化外の地〟として、放っておいた台湾で、製糖など産業を興し、学校や鉄道などを作り、近代化に務めたのは、日本である。しかし、性急な近代化、同化政策は、摩擦も生んだ。映画では居丈高の日本人や、逆に献身的な日本人も出てくる。

もう一本、かつて日本人であった台湾人、五人の人生を追いかけたドキュメンタリー『台湾アイデンティティ』（酒井充子監督）も、お薦めしておきたい。

宮崎正弘さんの本

現代中国分析の第一人者・宮崎正弘さんの『出身地を知らなければ、中国人は分らない』（WAC）は、面白い。

プロローグで「いまの中国で政治を牛耳るのは上海閥、軍を支配する山東閥。ヤクザのなかでも凶暴なマフィアは福建省から広東省北部。商業は広東省全域。〈愛国虚言〉を弄するのは北京閥。えげつないビジネスマンが温州人。漢族を憎むウイグル族、蒙古族、チベット族」との中国学者の声が紹介されている。

同じ漢字を使うにしても、発音は地域によって違う。ドイツ語とフランス語ほどの隔たりがある、という人もいる。省ごとどころか、同じ省内でもまったく異なることもある。当方は昭和五十（一九七五）年秋、上海郊外でもう北京語はおろか上海語も通ぜず、もう一人、通訳が追加になったことに驚いた。

本書によれば「普通語（北京語）でコミュニケーションができる人の割合は全体の五三％、普通語を除く漢民族の方言の使用人口は八六％だそうで、少数民族言語は五％」だという。だから同郷人意識がことのほか強く、「山西人は頑固者で自己愛が強い」「浙江省は計算高く、行動が素早い」「広東人の挨拶は『儲かりまっか』」といった地域独特の特徴を持つに至る。たとえば浙江省の寧波だ。人口五百万の大都市である。

「郊外で感じたのは人間のおとなしさ、奥ゆかしき性格である。上海のように生き馬の目を抜いて生きている人たちと比べ、純朴ですれていない」と取材をもとに語り、「気も荒くないのは土地が豊かだからであろう」と分析している。

中国を観光旅行する際も、あるいはビジネスを行うにあたっても、気質を知っておいたらよく、そんな人たちにとって最適な書だ。

実は当方、宮崎正弘さんとは学生時代から、五十年近くのつきあいがある。でも、パーティなどでの立ち話が中心で、ゆっくり飲んだことはなかった。それが平成二十五（二〇一三）年秋、ヤンゴンのホテルのバーで、グラスをかわす。取材で来たという。

〝華人がいるところ、宮崎あり〟である。

インド映画に、はまっています

ここのところ、インド映画を三作観た。まずは、ニューヨークが舞台の『マダム・イン・ニューヨーク』（ガウリ・シンデー監督）である。

「マダム」は、インドの上流家庭の奥様が主人公。ご主人も娘も英語を自由に喋ることができる。ご本人は喋られない。一人だけでニューヨークに向かうこととなった。機内でも入管でも苦労する。ニューヨーク市内のコーヒーショップでは、簡単な注文においても、喋られないことでミスを連発する。そこで、マダムは一念発起して、〝四週間で英語が喋れる〟と謳う英会話教室に通う。

主役を演じるのがインドの国民的な女優・シュリデヴィである。

結婚・出産があって、十五年ぶりの映画出演だそうだ。ささやかなドジをふんだときの愛くるしさ。場面が替わるたびに色鮮やかなサリーで登場し、いったいニューヨークに何着持ってきたの？と素朴な疑問を抱かされるが、映画だと割り切ろう。魅力に能殺される人が増出の一本だ。インド社会における女性の地位もわかる。

『めぐり逢わせのお弁当』（リテーシュ・バトラ監督）は、主婦イラがお弁当をつくり、夫の会社へ配達を頼んだところ、退職を控えた初老男サージャンに届けられるというハプニングから、物語が進む。二人は弁当を通じて文通をし、心を通わせていく。

しかし、「すべてを犠牲にして関係を発展させるだけでなく、思い出だけを真空パックにして新しい日常に戻っていく勇気と覚悟」（細谷美香氏評）を示した。自制の効いたストリーが、人生を感じさせる。インド映画（ボリウッド）は、〝歌って踊って〟だけではないのである。

なんと言っても、面白かったのは『女神は二度微笑む』（スジョイ・ゴーシュ監督）である。緻密な伏線が張られた失踪ミステリー。最後のドンデン返しも見事で、心地よい余韻に浸れる。主人公はボリウッドの演技派美人女優ヴィディヤー・バーラン。知的で力強く、そして美しい。

留学生を得るためには

ベトナムのフエで、若者と話をした。

「日本に留学する気はないの？」

「そのつもりはないですよ。一番成績のよいグループは、アメリカかイギリスに行きます。二番手はオーストラリアかシンガポール。三番目以降が日本やフランスなんです。中国は嫌いですから、ベトナム人はあまり行きません。日本語ができても、日系企業では、あまり雇ってくれないでしょ。雇ってくれても、現地採用枠がほとんど。本社で雇ってくれて、昇進も日本人と同じだったら、よいのですがねぇ」

話は替わる。

中国からの語学就学生が多い外国語学校の女性校長は、違う問題点を指摘する。

「昔はね、日本語を学びに来ているはずなのに、学校にはあまり顔を見せず、ひたすらバイトに専念していた子がいたものです。そういう学生でもね、言葉だけは覚えていった。バイト先で使いますからね。ところが最近では、来日したのはいいけれど、学校には来ず、バイトもやらず、ひたすら同じ故郷の仲間と遊ぶか、部屋でネットに夢中になっている。この子らは、普通語（北京語）を、明らかに下手になって、しかも日本語の読み書きも、まるでできずに帰る」

ひところのアメリカやイギリスの英語学校に留学していた、日本の若者みたいである。

もし、諸外国から留学生を得たいのなら、大学自身のきめの細かいピーアールと配慮が必要である。たとえば、イスラム教徒の女子学生のために、スカーフを着用して授業を受けることも認め、学内に礼拝堂を作り、豚肉を使用しない学生食堂メニューも用意するのである。

また、バンコクなどで、東京の私学が共同で大学展示会をやっているが、会場は一流ホテルにすべきであったろう。さらに、地元の大学の協力を得て、日本の大学の教養課程教育などを持ち込んではどうか。そこで日本語も教える。そして、三年時への編入を制度化するのである。

いずれにせよ、日本の大学、並びに企業に魅力がなければ、留学生は増えないことだけは、たしかである。

国民党を弱者として描いた書

台湾は中華民国の一省である。中華民国の首都はあくまでも南京であり、現在の台北は、臨時首都にしか過ぎない。その台湾と大陸の中華人民共和国との関係を知るため、龍應台著『台湾海峡１９４９』（白水社）をお薦めする。

著者は昭和二十七（一九五二）年台湾省高雄県生まれだが、親は大陸生まれ。つまり外省人二世となる。作家・評論家でもあり、平成二十四（二〇一二）年には、女性初の行政院部長（大臣）にもなった。

本書は「一九四九年を中心に、戦争、内戦という苛烈な社会情勢のなか、著者の家族や当時の若者がいかに決断し生き延びてきたかを描き、さらにこの最果てにある島、台湾まで逃げ延びた彼らが六十年間、誰にも言えないまま抱えてきた痛みを語っている」と訳者（天野健太郎）は語る。

大陸において、国民党も共産党も兵士狩りをやった。運命の悪戯で、所属部隊が決められて行ったといってよい。「長春包囲戦」では、共産党軍が国民党軍を約半年にわたって囲み、長春を「無血解放」したとされている。

「餓死者の数が十万から六十五万といわれ、あいだをとって三十万とすると、ちょうど南京大虐殺で引用される数字となる。……どうして長春包囲戦は、南京大虐殺のように脚光を浴びないか？」

筆者は疑問を呈している。

評者は、一部兵士による行き過ぎがあったにせよ、司令部命令による虐殺はなかった、中国側（国民党、後に共産党）の〝大虐殺〟と言われるのは、先方の戦略であり、プロパガンダであると考えている。それは、ここでは詳述しない。

話は替わる。

昭和二十二（一九四七）年二月二十五日のことである。

二月二十八日には、台湾住民の抗議に対する国民党軍よる制圧《二・二八事件》が起こった。台湾南部の嘉義において、国民党軍に話し合いを求めた地元の有力者十二名が、銃殺刑に処せられた。中に、貧しい人からお金をとらずに診療していた医師もいた。駅前の処刑場では、多くの地元の人たちが見ていた。

「文盲の母がいつのまにか一本の線香を手にし、声を潜めて息子に言った。『行ってきなさい。

命の恩人の先生に手向けて拝んできなさい。お前は子供だから大丈夫。ほら』」

そう言われて手向けた子が蕭万長氏（後に副総統）であると言う。「国民党政権（と軍）を強者としてではなく、故郷を失ったひとりひとりの弱者として」描いていて、あきさせない。

一泊五十ドルのホテルを

南太平洋のサモア航空で体重別の運賃を採用したそうだ。元大関・小錦さんのような体格の方をたくさん見かける南国では、合理的な運賃体系かもしれない。

実は私、飛行機に乗る前に、「体重計」に乗ったことがある。昭和五十七（一九八二）年の夏、ミャンマーのラングーン（当時）から旧王都・マンダレーまで飛ぶことになった。エアーポートで、銭湯にあるような大きな秤に乗せられる。計測されて、座席が右通路の何番と決められて行った。乗機は小型機で、ソ連製のイリューシン18ではなかったか。

それはともかく、外国人は、いや日本人も、観光旅行に、ビジネスホテルを利用するケースが増えているそうだ。

ドイツ人ツアーではビジネスホテルを利用し、一日の観光の終わりにバスをコンビニエンスストアにつけて、ワイン、チーズ、パンを買い求める。部屋食で済まし、「何でも揃っているコンビニに清潔なホテルで充分」と言う。

海外にビジネスホテル作る場合は、狭いユニットバスは設けない。ホットシャワーで結構。できたら屋上にでも、ジャグジーとサウナを置いたらよい。ネット環境も整える。必ず備えるのは、ウオッシュレットである。トイレが気持ちいいというだけで、評判となるはずだ。部屋は少々狭くてもかまわない。だが、ベッドだけは小さいと困る。

レストランには、巻き寿司にラーメンと餃子、欧風カレーにパスタ、ステーキにサンドイッチといった日本流メニューとコーヒーにパン。地元の食事をそろえる。

「デパートの大食堂みたいですね」と後輩は言った。

一階にコンビニを入れる。台北の六福客機（レオフーホテル）では、セブンイレブンが入っていて、夜食などを求めた。そんなホテルで一泊五十ドル《ドル》ほど。アジア各国の首都に、中核ホテルを建て、直営とする。ほかはフランチャイズも考えたらよい。

なかにはマネージャーとして、日本人が働く場合もあるだろう。たとえば早期退職者が一部出資し、経営に参画することも考えられる。異国の地で、もう一度、青春を取り戻して下されば、素晴しいではありませんか。

住みたくなるマレーシア

マレーシアは、「ロングステイしたい国」の人気第一位である。そのペナン島を視察したことがある。ベランダから青い海が眺められ、ジャグジーやテニスコートもあるマンションを訪ねた。リビング、ダイニングキッチン、ベッドルームが二つ。家具・食器つきで五、六万円だったりする。

「とにかく、朝、起きると、気持がよいですね」

やってきた最初の年に中国系の友人をつくり、二年目はマレー系と人と友達となった。そして、「今年はインド系と仲良くなりたいですね」と述べられていた。

マンションを借りる際、階によって大きく値段が違う。クアラルンプールの某マンションでは、最上階は十五万円でも、中層階は七万円、低層階が三万円であった。

「欧米人や日本人は高い階を好みます。韓国人は中層階。地元の人は、低層階と住み分けられていますね。低層階は虫や蟻、泥棒の心配がありますから」

案内してくれた不動産屋さんは、中層階を勧めてくれた。

ペナンは中国系も多く、食生活の面からも住みやすい。マーケットではマグロの刺身も売られていた。大きなスーパーもある。パンケーキを食べに喫茶店に入ると、大きな焼き上がりが二枚、バナナと生クリームもたっぷりついてきた。量が半端ではない。また、海鮮料理も安くてうまい。店先でロブスターやハタに似た魚、魚貝などを選ぶ。料理法も指示する。麺や焼き飯も、よく食べられていた。

と言って、いきなり家を買ってのロングステイはお勧めできない。

まず、アレーシアと往来すること、それで気にいってからでも遅くはない。いま発達してきているLCC（ローコストキャリア）を利用し、マッサージ治療に出かける人を知っている。彼は、オフシーズンにビジネスクラスを使うという。

「腰が悪いでしょ。エコノミーでは辛いので……。ビジネスにしても、LCCは安いんですから」

一週間、丹念に腰をもんでもらって、リフレッシュして、日本に帰ってから、仕事に励む。これも、ロングステイの一つの在り方かもしれない。

理想の初老生活

祖国復帰前、沖縄に行った。

地元の女の子に「道産子だよ。冬は雪が深くてねぇ」と語る。「東京から来たよ」だと、「ヤマトンチュー（本土の人）風を吹かせて」と反撥を買う憚れがあるからだ。雪国は、彼女らの憧れの地である。南国はどこでも同じで、ベトナムでもタイでも、同様である。

復帰後、冬の間だけ、那覇・札幌間で飛行機が飛んでいた時代がある（現在は通年飛んでいる）。道民は冬のゴルフ、ウチナンチュウ（沖縄県民）はスキーをやりたいからである。

当方も、冬に沖縄（と言っても、リゾート地ではなく、那覇市内）、夏は北海道に住みたい。

これも、大自然に抱かれての田舎暮らしではなく、同級生が生活している札幌市の中心部（できれば中央区か南区）である。春と秋は、いま住んでいる埼玉県の自宅で暮らす。それなりに友がいるし、野暮用もあるからである。

季節の間は、海外に行く。一つの都市に最低三泊以上。できれば、一週間はいたい。年四回、海外だとしたら、うち一回以上は、ヤンゴンで過ごす。何回か通っているうちに、地元の友達もできている。馴染みの店もあるし、ミャンマーが、第二の故郷なのだ。早く、那覇にも、友を作りたい。

そうは言いつつ、心ひそかに海外暮らしの場合の候補地はある。まず気候が温暖で食べ物がおいしいところである。人間性も温かく、穏やかな地がありがたい。

ダラット（ベトナム）、ペナン（マレーシア）、昆明（中国）、ホノルル（米国ハワイ）が、それに入るのだが、費用の問題や交通の便もある。一番は台湾中部となるか。食べ物が日本人の口に合うし、漢字で筆談という手もある。「それなら、いっそ日本の南国にしたら」と友に言われた。やはり南九州や南四国となりますか。

以上が、理想の前期高齢者（初老）生活である。後期はどうするかって？　そんなこと、いまはまったく考えていない。いずれにせよ、体力と気力、そして幾ばくかの金力も必要だ。準備をしておかなければならない。

と言っていたら、同居人が、「まごまごしていると、お迎えのほうが先にやってきますよ」

だって……。

そうかも知れない。でも、考えているだけで楽しいのなら、それもよいではありませんか。

第Ⅲ部

サンダル履きアジア

接待は日本料理店で

ハノイに行ってきた。

久方ぶりに、旧市街にある日本料理店を訪ねてみる。

「やぁ、景気がよさそうだね」

「えぇ、おかげさまで」

店の主人の顔が、ほころんでいる。

一つは「中国プラス・ワン」ということで、日系企業のベトナム進出が相次いでいるためであり、もう一つはベトナム自身の経済成長による。

「日本人客が増えたの？」

「ハイ、それもありますけど、うちは個室が多いですから」

日本から単身赴任でやってきて、店を開いて五、六年になる五十代の彼は、妙なことをいう。

「こちらの人が、接待に使ってくれるんです」

下役が上役をごちそうするため、部屋を予約する。職位を引き上げてもらうため、二、三人の上役を呼ぶのだ。彼らは、一般客のいるホールではなく、小部屋を好む。部下にごちそうになっている現場を見られるのは、さすがに、はばかれるようである。

「どんなものを好むのかな」

お寿司と答えると思っていたら、

「なんでも食べますよ、一番人気は、神戸ビーフですね」とのこと。

百グラム三十ドルの牛肉を、どんどん注文する。最高級の日本酒も次々と空ける。したがって、勘定は五、六百ドルから一千ドルにもなる。国民一人あたりのＧＤＰが、約一千八百九十六ドル（二〇一三年）に過ぎないこの国にとっては、一晩で半年分の収入を飲み干す散財となる。

「元が取れるのかな？」

素朴な疑問を呈した。

「ベトナムは、ＵＴＭですから」

そう笑われた。

アンダー（Ｕ）、テーブル（Ｔ）、マネー（Ｍ）の国であり、引き立てられた男は、それなりに回収をするというのだ。

店が繁盛するようになったら、いきなり保健所から十名近くの係官がやってきて、食中毒の検査をすると言われた。また、別の日、警察官二名の訪問にもあい、店の前のバイクが道路交通法違反であり、今後は撤去すると言ってきた。難癖である。事実、〝違反〟なのだが、どこの店も、お目こぼしに与っているのだ。二件とも、ＵＴＭがものをいって、割安にすんだそうな。

さて、日本食の味はどうであったか。日本人板前を抱えた本格派の店ではなかったけれど、海鮮丼と味噌汁、糠漬けのセットは美味で、八《ドル》ほどであった。

最初の訪越は一九七七年である。

ベトナム統一（共産化）後、二年しか経っていなく、日本食などのぞむべくもなかった。九〇年代から南はメコンデルタから、北は中越国境まで訪れている。その間、元在日の方が経営する店や、日本帰りのベトナム人経営の定食屋まで、いろいろな日本料理店に行った。味はそれなりでしかなかった。いまは急速にレベルアップしている。

ところで、ベトナム料理の味はどうか。「中華とフランスの二大料理の影響を受けたんですよ」。世界三大料理の一つだ、と地元の人は自慢する。確かに、アスパラガスのスープなどは絶品だった。

お薦めは、ハノイなどで流行っているキノコ鍋である。十数種のキノコ類からお好みを三、四種選び、気にいったスープで、肉や魚介類、野菜も入れて鍋とする。ヘルシーでもあり、美味であった。余談ながら後日、東京の広尾にある専門店でもキノコ鍋を体験したが、残念ながら本場の味に遠く及ばなかった。

ベトナム北部でいえば、中越国境の町・ランソンの食堂である。そこで豚肉や魚介類、野菜もたっぷり入った鍋を食べた。素材を生かした薄味。美味であり、満腹となってトイレに立つ。柵で仕切られた一郭に子豚十数匹と、七十《センチメートル》ほどの犬が六匹いる。

連れのベトナム人に「犬がいたよ」と報告した。「中型犬がうまいですよ」と笑う。「温まりますから食べますか」とも訊かれた。子供の頃、犬を飼っていた経験のある私は、その気にはなれない。勘弁願った。

何はともあれ上役をベトナム流に招待して、接待漬けにでもしたかったな。もう遅いか。

ウンのつく話

一九七五年晩夏、北京でのこと。歓迎宴を終えて仲間の一人と町に繰り出す。天安門広場を横切り、前門通りからちょっと細い道に入って行った。

分厚い濃紺の綿入れを着た勤め帰りが、たむろしている店があった。熱い湯気が立っている。たっぷりの炭火の上で、大きな鉄鍋がかかっていた。早速、注文する。スープ餃子が出てきた。フウフウと食す。皮は厚めで、中はジューシーであった。

「美味しいなぁ」

「美味しいですねぇ」

感に堪えていると、綿入れを着こんだ地元の人がこちらを不思議そうに見ている。紙に「我是日本人」と書いたら、まわりの人が増え、何やら口々に話しかけてくる。もう一枚の紙に「我是味好」と書くと、ドッと湧いた。店主が奥から出てきて、紙切れを見つめニコニコし、また一杯、スープ餃子が注がれた。

　おなかがいっぱいになった。とにかく歩く。トイレに行きたくなった。公衆便所を探す。やっと見つけた石づくりの厠は、とにかく暗い。中に入ると、何がなんだか分からなくなる。黒光りする二つの目を感じた。しゃがんだ男が一人。別のところにまた一人。こちらを睨んでいる。仕切りがないのが当地式と、後で知った。

　さて、同じ中国でも、上海の古い街区ではマートンを利用している（斉藤政喜著『東方見便録』文春文庫）。日本でいえば、赤ん坊や病人が使うオマルである。狭い部屋に住む家族全員が同じものを使う。音や臭いはどうか。たとえ家族でも辛いものがあるのでないか、と斉藤氏は指摘している。

　当方も同感だ。小学生の頃、母が脊髄カリエスで四年間、寝たきり生活を送った。当然、オマルで用を足す。その中身を汲み取り式の便所に捨てるのが、一番の苦手であった。上海では毎朝、各家庭のマートンを集め、処理する業者がいるそうだ。

　ベトナムのハノイからハロンへの道で、橋が落とされた川があった。対岸にはフェリーで渡る。乗り場の手前には、納屋のような公衆便所があった。用を足そうとすると、薄壁をへだてた隣の部屋から、ブウブウと数頭の鳴き声が聞こえてきた。豚君たちが、餌がきたと勘違いし、騒いだためらしい。

　先年、同じ場所を通ると、既に橋は架けられていた。日本の援助で道路整備が着々と進んでいる。アッという間に走りすぎたので、あの便所が、いまだ健在かどうかは確認できなかった。

イランでも驚いた。当然、あると思っていた男子用立ち小便器が見当たらない。「ホメイニ革命で、ウェスタン・スタイルはなくなったんです」とガイド氏はいう。

ちなみに、イスラム教徒の生活マニュアルには「排泄のとき、身体の前面、すなわち腹と胸と膝がキブラ（メッカの方向）に向いていたり、キブラに背を向けたりしてはならない」とか、「立って小用をすることは、忌み嫌われる」と書いてあるとのこと（前述書）。

もっともミャンマーのヘーホー空港では、立ち小便器があっても、アメリカンスタイルで、高く設置されている。背伸びする格好で、用を足さなければならなかった。

ワシントンで友人に、有名なジャズクラブに連れて行かれた。客は黒人やプエルトリカンばかりである。二階のトイレに入ったら、やたらと便器が高い。爪先立ちするようにして用を足し、ふと壁を見やれば、黒々としたマジック文字で「黒人女と一発やりたい」と大書されてあった。異国の地で、何もこんなことを日本語で書かなくても、と思わぬでもなかったが、消すには書かれてある場所が高い。本当に日本人が書いたのかな、と素朴な疑問も湧いた。

イスタンブールから西安までの五十日間のバス旅行では、アラカン（アラウンド還暦）世代の妙齢の女性が、折りたたみ日傘と、植木用の小型シャベルを持参していた。

「砂漠を走るでしょ。トイレがないかもしれませんよね。そのとき、傘をさして用足しをして、シャベルで土をかけるんです」とすました顔でおっしゃる。犬の散歩からヒントを得たらしい。「それでは、かえって目立つんじゃないですか」と私。

結局、彼女は日傘を使用しなかった。

フエとホーチミン

ベトナムの京都と言われるのが、中部のフエ(かつてはユエとも呼ばれていた)である。チン・コン・ソンが育った地でもある。サイゴン大学在学中に、〝反戦詩〟を発表し、「ベトナムのボブ・ディラン」と呼ばれた、六〇年代を代表するシンガーソングライターの一人だ。

七〇年大阪万博で、ベトナム人女性歌手カン・リーが、彼の『美しい昔』を歌って好評を博した。NHKテレビドラマ(原作は近藤紘一著『サイゴンから来た妻と娘』)の主題歌にも使われ、ヒットをしている(最近、天童よしみがカバー)。

チン・コン・ソンは〝厭戦気分を煽る〟と、南ベトナムで一九七二年、グエン・バン・チュウ政権によって活動が制限された。七五年ベトナム統一後、評価されると思いきや、共産主義新政権によって再教育キャンプに送られる。八〇年代に入って、やっと活動が許されたと聞く。

一方、カン・リーは、難民となって米国に逃れた。そして、歌手活動を続ける。ドイモイ政策となり、〝歌わないこと〟の条件つきで、帰国できるようになった。

そんなこともあって、二人のCDを探す。何軒かたずねて、市場近くの音楽関係の店で見つけたんですね。作詞・作曲＝チン・コン・ソン、歌＝カン・リーで、『故郷のための涙』『冬の寓話』など七十七曲が収められている五枚組みを。

ところが、あの『美しい昔』は入っていない。でも、五ドルと外国人の私にとっては格安であった。

フエでは王宮見学である。壊れている箇所もあり、ガイド氏は「米軍の爆撃で壊された」と説明する。

「それは違うよ。一九六八年のテト（ベトナムの正月）攻勢で、北政府軍やベトコン（南ベトナム解放民族戦線）と南政府軍が戦ったためでしょ」と訂正した。米軍は軍事施設や補給ルートは爆撃したものの、文化的価値が高い施設などを狙うことはしていない。日本空爆においても、京都・奈良は狙われなかった。

テト休戦のさなか共産勢力が蜂起。政府軍は反撃し、敗色濃厚となり、ベトコン側は撤退の際、〝顔を見られたから〟と市民を多数殺したと言われている（「ユエの大虐殺」）。

ガイド氏はまた、仏教僧の〝焼身自殺〟写真の前で、「アメリカの傀儡政権に抗議して」と説明する。「ゴ・ジェン・ジェム（当時の南ベトナム大統領）に対してでしょ」と茶々を入れた。

「いやぁ、彼のことを知っている日本人に初めて会いました。プロフェッサーですか」

「私の世代以上の日本人なら、みんな知っているよ」

そう返す。〝どうせ分かりはしない〟となめられてはいけないのだ。

話は替わる。

ホーチミンの少し暗くなってきた午後六時過ぎ、サイゴン川ぞいのリバーサイドホテル横の歩道を、Y君、K君、そして当方の男三人が、だべりながら歩いていた。すると二十代半ば風の青年が、Y君に寄って行った。腰のあたりに、『タイム』みたいな古雑誌を持っていき、執拗に買えと言っている。Y君が「いらない」とはっきり拒否した。さすがにあきらめたのか、離れて行った。

それを見ていたK君が、「おかしいぞ」と声をあげた。Y君が「やられた」と続けた。Y君の腰のベルトにつけていた小型デジタル写真機が、ケースごと切り取られて、持って行かれてしまったのだ。

件《くだん》の彼は、交通量が激しい大通りをひょいひょいと横断し、すぐに見えなくなってしまった。われら間抜けトリオは、バイクの奔流の前に追いかけることもできない。

実は、この種、事件が多発しているのである。ベンタイ市場近くのニューワールドホテルを出たあたりで、妻の知人夫妻が、同じくカメラの引ったくりに遭っている。デジタルカメラは、高く売れるそうだ。

別の友人は、ホテルの側でシクロ運転手に声をかけられ、気楽に乗り込んだら、ぐるぐる市内を走ったあげく、シクロが何台も集まってきてとり囲まれ、持っていた二十万円をとられてしまった。海外勤務も長く、語学堪能な男であったのだが……。

さて、間抜け三人組は、通訳氏をともなって警察に出向いた。街中の詰所みたいなところで、交番をちょっと長くしたような規模。警察官が四、五人詰めていた。奥の部屋に連れて行かれ、Y君が書類を提出して、一、二質問されておしまい。証人として、何か喋らなければならないのかなと身構えていたK君も当方も、まったく出番がなかった。

近藤紘一さんの依頼で

ＪＡＬ機内誌の好評連載が一冊の文庫になった。

野地秩嘉著『美しい昔――近藤紘一が愛したサイゴン、バンコク、そしてパリ』（小学館文庫）である。

大宅壮一ノンフィクション賞や中央公論文学新人賞の受賞者、近藤紘一さんの足跡を丹念に取材したノンフィクションである。写真もたくさん入っていて、読みやすい。

実は私、近藤さんとは、いささか交流があった。

一九七五年サイゴン陥落後、彼が日本に戻ってきてからである。秋になっていたと思うが、神谷町のマンションに原稿依頼に伺った。ベトナムから持ち込まれた家財道具と、ちょうどかかっていたベトナム音楽が、印象的であった。日本の歌謡曲に似た哀調ある曲だったからである。何度か、ベトナムやカンボジアに関するテーマで、執筆をお願いする。

その際、インドシナの歴史や文化、現状について話をきいた。兄が弟（当方は七つ年下）に噛んで含めるように、教えてくれた。その影響もあって、ベトナムに関心が高まり、七七年、日本青年代表団の一員となって、ベトナムを訪問した。ハノイから旧サイゴンまでを、二週間で縦断する。

近藤さんから、二つ頼まれた。一つは「ニャーン（竜眼）を買ってきてほしい」。ライチみたいな果物である。行ったのは十一月で、少し季節はずれだったのだが、小ぶりのバケツ一杯を買い求め、土産として約束を果たした。問題は二つ目の頼みごとである。本人の文章（『妻と娘の国へ行った特派員』文藝春秋社）を引用しよう。

出発前、私は彼に長屋の住所を渡し、写真を撮ってきてくれるように頼んだ。長屋は私の出国後、国外逃亡者の所有物として新政権に没収されたと聞いていたがどんな風になっているか知りたかった。

「よし、幽霊長屋を撮ってきてやる」

友人が張り切って出かけていった。

が、半月ほどして帰国した彼から、

「お前のおかげでひどいめに遭ったぞ」

と、猛り狂った電話があった。

住所をたよりに首尾よく探りあて、パチリと一枚撮ったら、中から鉄砲を持った北ベトナムの兵士らが飛び出してきて、たちまち地区委員会に連行された。わが長屋はいまや地区の人民解放軍詰所として新ベトナム政府に貢献しており、友人は〝軍事施設〟撮影の現行犯でしょっぴかれた。


〝猛り狂った電話〟は少々オーバーだが、大枠はこの通りである。

写真を撮って兵士に腕をつかまれ、最初に連れて行かれたところではベトナム語、次はフランス語、そして最後に、英語で訊問され、「マイフレンズハウス（友達の家）」と答えて釈放された。フィルムは抜かれたが、カメラは没収されなかった。

近藤さんが「夕刊フジ」編集部時代、堺屋太一さんを担当していた。通産省（当時）に原稿を取りに行き、できあがっていないと、「少し時間をいただけますか」と遠慮がちな電話があって、急遽、虎ノ門の喫茶店で会い、よくだべった。

あるとき「いつもお世話になっているので」と、鎌倉橋のイタリアンレストランに連れて行かれた。ベトナムの食べ物や子育てについて、いつになく饒舌であった。しかも「この話、本当に面白いですか」と問い返してくる。最後に、「実はいま、ベトナムのことについて書き下ろしているんです」と語っていた。リサーチだったのである。そして、傑作『サイゴンから来た妻と娘』が生れた。

また、違うある日、「翻訳のバイトをしませんか。大学の先輩が、バイトの元締めをやっていましてね、自分もそこで稼いでいるんですよ。サイゴンに送金しなければなりませんので」と誘われた。「英語、まるで駄目なんで」と断ったら、「辞書を引き引きやっていただければいいんです。翻訳は、日本語の力があればいいんで、文章がうまいから大丈夫ですよ」とお世辞を言われた。当方が安月給で苦労しているのを知っていてのお声がけだったのである。

そういえば、オールドパーをもらったこともある。「貰いものだけど、飲めないから」が理由だった。コーヒーが好きな人だった。

中越戦争の危機も

中越関係がおかしくなってきた。

南シナ海の中国が南海諸島と称する（ベトナム名・ホアンサ諸島、英語名・Ｐａｒａｃｅｌ）沖で、二〇一五年に中国が一方的に石油採掘をはじめ、ベトナム側から約三十隻、中国側から八十隻（軍艦七隻を含む）が出動し、海上で中国船によるベトナム船への船舶体当たりなどが行われた。ベトナム国内で抗議デモが起こり、中国側がそれに反撥する事態に至っている。かつて反日デモで〝愛国無罪〟が荒れ狂った中国が、今度は取り締まりの徹底と賠償を要求したのである。

話は替わる。

一九七七年十一月に中国広西チワン自治区の南寧からハノイに入った。ハノイ空港上空で当方の民間機に対し、スクランブルまがいの軍用機による急発進をかけられ、肝を冷やしたものだ。ハノイ市内の軍事博物館へ行くと、入口の世界地図が中国大陸本土は赤、台湾は緑に塗られている。驚いた。ホーチミン廟見学では、日本人の当方らは招待客として、すぐに入館させてもらえたが、中国の代表団は並ばされて、一般客と一緒だったりした。

帰国後、小坂善太郎元外相が主宰されていた千代田会という勉強会に呼ばれた。永田町のTBRビルに事務所があり、折詰の江戸前寿司を食べ、十人ほどの国会議員らを前に話すことになった。

「中越両国間の歴史は厳しく、ベトナム側はかつて侵略された長年の恨みがあり、中国側には、かつての属国が何を言うかの蔑視気分があります。近く戦争が起こるかもしれません」

そう断言する。早速、「根拠は？」と訊かれた。先の見聞なども伝えて説明したが、どれほど理解してくれたことやら。しかし、現実に一九七九年末から中越戦争が起こっている。

九〇年代前半に、ラオカイやランソンといった中越国境に行ったことがある（拙著『朝まだきのベトナム』制作同人社所収）。

ランソンから北へ車で一時間のドウソンのコンチャン国境では、地元の人が「昔の国境に比べて二、三百メートル、こちらに食い込まれましたね」と領土が侵されたと語っていた。

中国はいま、東シナ海で日本、南シナ海でフィリピン、ベトナム両国とも領土問題をかかえている。

日本は集団的自衛権行使に対する政府解釈を変更、「安全保障法制」もスッタモンダの末に、成立した。当方は一歩前進、少し安全性が増した、と評価している。

フィリピンは米国に基地を「無償」で再提供するようになった（以前は「有償」提供）。日比両国とも、アメリカとの連携を強化している。

その点、ベトナムはかつて米越で戦った経緯があり、ＡＳＥＡＮの枠組みがあるものの、軍事的な後ろ盾は弱い。さらに、中国国内の強硬派の存在、経済不振、少数民族との軋轢など、国内矛盾の高まりもある。小競り合いからエスカレートする可能性だってある。

その場合、前回と決定的に違うのは、日本企業がベトナムに進出していることである。在外邦人の救出をどうするのか。政府専用機の活用はもちろんだが、自衛隊の輸送機や輸送艦の本格展開も迫られるかもしれない。護衛はどうするかの問題もある。

それにしても、こういった事態に対し、日本は病院船を持っていないのは痛い。

医療機器や医者・看護師、ベッド、ヘリコプターなどをそろえている病院船は、米中をはじめ有力各国は所有している。大震災起こったとき、まず現地に向かうのも、この船だ。阪神・淡路大震災では米病院船の協力申し出を断り、その反省に立って、東日本大震災では受け入れ、大活躍していただいたのは、ご承知の通りだ。そのとき、中国からの病院船派遣は断った。救助と言いながら、軍事調査が目的なら困るからであろう。平時は離島への巡回医療支援にあてれば、無駄にはならない。配備を急ぐべきである。

牧久著『サイゴンの火焔樹』

ベトナム戦争とは、何であったのか。昭和四十年頃、大正ヒトケタの父は「たとえ自由を守るためとはいえ、アメリカがよその国にまで行って戦争をすべきではない」と批判していた。団塊の世代の当方は「ベトナムが共産化してもいいんですか。それを許せばカンボジア、ラオス、タイも共産化する」と北爆支持であった。

牧久著『サイゴンの火焔樹』（ウェッジ）を読む。筆者は、「日経」最後のサイゴン特派員（一九七五年の三月～十月まで）である。たった八ヶ月というなかれ。北の大攻勢からサイゴン陥落、そして共産化まで、密度の濃い時期を現地取材していた〝歴史の生き証人〟なのである。

そもそも日本では、米国に支援される軍事政権と、独立をめざす南ベトナム解放民族戦線が戦っている印象だった。その雰囲気が、どう作り出されてきたのかは、古森義久・近藤紘一著『国際報道の現場から』（中公新書）が詳しい。

少なくても一九七五年の最終局面では、北ベトナム正規軍（十九師団中、首都ハノイ防衛のための一個師団を除く）が総力をあげて、南下・侵攻したのである。正に軍事制圧であり、共産化であった。本書の「第一部　目撃したベトナム革命」では、当時の新聞記事や、その後明らかになった事項などを加えて、立体的にベトナム戦争の実相に迫っている。

一九七五年秋の通貨の切り換え時にも、筆者は「もともと『サイゴン解放』は市民から盛り上がったものでなく、武力による〝解放〟だった。革命政権の政策はあくまでも〝占領軍〟によるものだ、との感じ方がサイゴン市民には強い」（「日経」一九七五年十月一日付）と書いている。

圧巻は「第二部　歴史に翻弄された人たち」である。

第一部の「ボートピープルの画家」は、かつて筆者のサイゴン支局時代、通訳を務めてくれたトワン氏が、ボートピープルとなって逃れ、画家となった話である。百五十万人にも及ぶボートピープルの「脱出を監督し、命令していたのは警察官だった」とも指摘している。逃げたいという国民の意思を逆手にとって、当局の〝商売〟となっていたのだ。二十万人にのぼる人たちが、海の藻屑になったと言われているだけに酷い。

新聞記者と現地スタッフの話は、映画『キリングフィルード』にもなったカンボジアの例もある。革命が成ったとき、危険が記者のみならずスタッフにも及ぶケースが多々あるのだ。

第二部は「元日本兵と民族解放」。第二次大戦後、ベトナムに残り、ベトナム人と結婚し、彼の地で亡くなった落合茂さんの数奇な運命を縦糸に、戦争に翻弄される人々やベトナム「解放」の実態が書かれている。実は当方、その落合さんとホーチミン市の日本家庭料理屋で出会い、「妻が亡くなったのを機に舞い戻って来ました」との話を聞いた。奥さんのグェン・チ・チャンさんは、解放戦線の幹部で、彼もそのシンパではなかったかと、著者は指摘している。

話は替わる。

二〇一四年四月三十日、テアトル新宿で、朝十時から映画『ナンバーテンブルース――さらばサイゴン』（長田紀生監督、主演は川津裕介）を観た。サイゴン（現ホーチミン）駐在の日本人商社マンが、昔、雇っていたベトナム人従業員を、はずみで殺してしまったことから、国外逃亡をはかろうとするアクション映画である。

現地撮影は一九七四年十二月から翌七五年四月。まさに南越政府が、北の共産軍の大攻勢にさらされ、崩壊寸前の修羅場の頃である。町中で毎夜、砲声が響きわたり、地方では北の戦車隊が押し寄せてくると逃げまどっていた。そこで、同映画では隠し撮りが多用され、望遠レンズが銃砲と間違えられて、威嚇射撃を受けたこともあるそうな。

上映会は、サイゴン陥落三十九年の日であった。磯村健治プロデューサーは「この映画を西海岸のリトルサイゴンで上映しますと、観客のベトナム人の方々は涙、涙なんですね」という。昔のサイゴンの映像がふんだんに出てくるからである。当方も、〝解放〟後、二年経った七七年のサイゴンを知っている。懐かしかった。

「心情的には解放戦線を支持する人が、戦後教育を受けた私たちの世代から、団塊の世代といわれる戦後世代には圧倒的に多かった。それが時代の雰囲気でもあった。私もその一人であった」と牧氏は述べておられる。当方は、それらと異なり、父とも意見が合わなかった。感慨無量である。

サイゴン陥落から四十年

サイトラベルの大畑貴弘社長に会った。

「最近、業界の話題と言えば、インバウンドでして……。外国からの観光客が、本当に増えましたよ。いま、国内のホテルの予約をとるのが、大変なんです」

そう言うのである。

日本観光のための〝ビザ取得要件〟が、大幅に緩和された。外国語による観光案内を充実させ、客誘致に向けて、官民あげて努力している。何よりも、円安効果が大きい。格安航空会社（LCC）の充実もある。今後も、訪日観光客数は伸びて続けて行くであろう。

大畑社長によれば、いま一番の注目国はベトナムでそうで、同国からの旅行者には、三泊五日で二千ドルのツアーが売れているそうだ。

日本からは、もちろん一千ドル以下。ホーチミン市だけなら、五、六百ドルの旅行も、広く出回っている。もちろん滞在費が、日本とベトナムでは大きく違う。それは、知っている。だが、それにしても、ベトナムに中産階級が育っていることに、感激したのだ。

　以上は、長い前置き。一九七五年四月三十日、サイゴンが陥落した。ベトナム戦争終結から二〇一五年で、四十年経ったのである。

　そもそも同戦争は、一九五四年にジュネーブ協定にベトナムが北緯十七度線において、南北に分断されたことに起因する。一九六〇年に、南ベトナムで解放民族戦線（ベトコン）が結成されて、ベトナム戦争が始まった。大正生まれで、本来は反共派のはずの父が「アメリカの介入」に反対し、息子の当方が「北爆支持」であった話は、先に書いた。

　ベトナム戦争は、北（共産主義者）による南への侵略だ、と捉えていたからである。「ベトナムに平和を」と言いながら、共産主義者に甘い、いわゆるベトナム反戦派の言動にも、胡散臭さを感じていた。ベトナム戦争を担うベトコンの主力が、北の労働党（共産党）や北の正規軍だったのである。これは戦後、彼ら自身が認めている。案の定と言うべきか、〝解放された〟はずのベトナムから自由を求めてボートピープルとなり、出国する人が相次ぐようになった。

　ベトナム戦争の戦死者は、米軍約五万八千人、南ベトナム軍約二十二万人、北ベトナム軍約百十万人、民間人を含めると約三百万人になる。難民となって海賊に襲われたり、荒天で犠牲になった人々（約二十万人）も加えるべきである。

　いずれにせよ二〇一五年四月三十日でベトナム戦争終結四十年。産経は「サイゴン陥落」、朝日は「新世代の米越」の上下二回特集を編んだ。

産経は「世界を変えた『テト攻勢』」（友田錫）、「幻想だった『人民の闘争』」（古森義久）と元サイゴン特派員の寄稿を掲載し、ベトナム戦争を民族独立戦争とみて、共産主義革命である、と報じてこなかった多くのマスコミの〝過去〟と責任について問うていた。朝日は、それらをまったく頬被りして、「対立越えてつなぐ若い力」や「枯葉剤　問い続ける元米兵」と、〝現在〟を報じている。両紙の方向性の違いを如実に表わしていて、興味深く面白かった。

二〇一五年五月、ベトナム中部を旅行した。四年ぶりである。フエの昔ながらの市場は健在だった。近代的なショピングセンターも客を集めている。そこの地下売場で、お土産として、インスタントフォーや地元のお菓子を七品ほど買った。総計一千円もしなかった。

日本人町があったことで有名なホイアンに寄る。四度目だ。倍々ゲームのように外国人観光客が増えている。ただし、中越関係の悪化で中国人は減り、台湾人が増えたと言う。夕方の川縁は夏の盆踊り会場のようににぎわっていた。

ベトナム第三の都市ダナンには、白いビーチを活用して、リゾート大型ホテルが建ち並んでいる。白人観光客に人気だと聞く。一週間ぐらい滞在し、観光地を巡るらしい。滞在型の日本人観光客は少ない。当方も、それら白人向けホテルは素通りし、ビーチ前の海鮮鍋屋に繰り出す。生きた蟹や海老、浅利といった魚介類に、たっぷりの野菜が入った辛めの鍋は、フフーハフハフ。次から次へと胃に入っていき、絶品でしたよ。それで滅法安い。ビール代も入れて、一人千五百円でした。

それはともかく、坂場三男・元駐ベトナム大使の『ベトナムの素顔』(宝島社)によれば、最近、来日したベトナムの高校生が「日本では、ベトナムの学校で教わった万民平等の社会が既に実現している」との感想文を書いたそうな。

麺食いで鍋好き

「麺食い」である。

昼食はたいてい蕎麦、うどん、ラーメン、はたまた冷麺かスパゲッテイですます。国内はもとより海外においても、そのスタイルは変えたくない。中でも一押しは、ヤンゴン・チャイナタウン十三番街にあったウーチンティンさんの店のあんかけ麺である。

透きとおったスープは、地鶏のガラや、たっぷりの地野菜でも使っているのであろうか、一口すすると、甘みとコクが広がり、すすっと飲んでしまう。麺の色は、少々茶色がかっている。いかにも「純製小麦麺ですよ」と主張しているみたいである。鶏モツや青菜も入っていて、おいしさのアクセントとなっていた。

「いつ食べてもうまいねぇ。東京でお店を出したら」

「よく言われるんですよ」

ウーさんも、満更でもなさそう。資本を出してくれる人がいたなら、彼を料理人として雇い、自分が店を出したいところである。この前、訪れたら、既にウーさんは亡くなり、違う場所で息子が味を守っていた。

成功間違いなしは、台北市四平街の奥で、お昼時ともなれば、ＯＬやサラリーマンなどで千客万来となる、山西刀削麺店であろう。

刀削麺は、中国山西省の名物である。湯だった大鍋に、男の太腿ほどのうどん玉を、包丁で削って放り込む。それをいろいろな具で食すのだ。当方の好みは、牛肉トマト麺である。トマトが牛肉特有の臭みを消し、スープをマイルドに仕上げている。もちろん刀削麺だから、麺に肉厚と肉薄のところができる。太さが一定しないので、ゆで具合が微妙に異なる。固い部分とやわらかいところの食感の違いが、より味を引き立ててくれる。

刀削麺チェーンが東京にもある。でもなぜか古都・西安の名前を冠するのであろうか。大原（山西省省都）なら分かるのだが……。

鍋も大好きである。

香港銅羅湾にある小肥羊に行ってきた。東京・赤坂の同店には何度か足を運んでいる。鍋に仕切りがあり、白湯と辛味の効いた麻辣紅湯の二種類のスープが張ってあって、熱せられたスープに羊肉や野菜、魚介類をくぐらせて食べる方式は、変わらなかった。いわば、シャブシャブの豪華版である。好きな食材を次々と放り込んで、半煮えぐらいで引き上げ、ハフハフ、パクパクと声も立てずに、ただひたすらに腹に収める。同行した友人は「いやぁ、うまい。いくらでもいけるよ」と感激しきりであった。

小肥羊《シャオウェイヤン》の本社は中国内蒙古自治区の包頭市にある。まぎらわしいのは、ライバルの小尾羊チェーンも、同じ内蒙古が発祥地で、日本には両系列とも進出していることだ。

アジアには、おいしい鍋の店が多い。第一位にあげるのは、ベトナム・ブンタウ（ホーチミンから水中翼船で一時間半）で食べた海鮮鍋である。

海水浴を楽しむ家族連れがたくさん訪れる町で、天使像のふもとに、めざす地元レストランがあった。お客は、ホーチミン市ほかベトナム全土からやってくるそうで、いつも満杯である。小さな炭火コンロに、これまた小ぶりなブリキ鍋が乗せられる。パインとタマネギのスライス、赤貝が入った鶏ガラスープが煮立ってきたら、菜っ葉類や前浜でとれた白身魚、海老、烏賊などを入れる。半煮えぐらいが食べごろ。コツは、鍋に具材をあまり詰め込まないこと。小鍋仕立ての感覚で少しずつ食べ進んだらよい。締めは麺である。

ベトナムにきたのだから、もちろん米粉系の白い麺が美味しいのだけれど、黄色いラーメン系のちぢれ麺を注文した。固めのまま、スープをからませただけで、スッスッと箸が進む。南蛮（唐辛子）も一緒に噛んだらヒリヒリ。でも、美味でしたよ。

ところで、第二位もベトナムのキノコ鍋である。十種類のスープから、お気にいりのスープを一つ選択。キノコも、舞茸やシメジ、大きなナメコみたいなものから、五種類ぐらい選ぶ。ほかに野菜や魚、肉、練り物や豆腐類など好きな材料をチョイス。これをただただ鍋に入れ、食す。シンプルですけれど、奥が深い。パクチーや柑橘類などの薬味によっても、微妙に変化する。

第三位は……。これは教えない。自分で探して下さい。

カンボジアでは米ドル

カンボジアに行ってきた。遺跡の町・シェムリアップは二十数年、首都プノンペンには十年ぶりといったところか。外国企業の進出が相次ぎ、韓国企業などが、ビルを陸続と建てている。中国沿岸部やベトナムの最低賃金が上がったためらしい。プノンペン中心部のホテルも取れにくい。

一九八二年、タイ側からソンサン派支配地域を視察している。合法的に入った最初は一九九二年のことだ。民社党青年部視察団の一員としてタケオのＰＫＯ自衛隊駐屯地に出向き、派遣部隊を激励してきた。

その際、日帰りでアンコールワットも見学した。往復の飛行機は、自由席である。その王国カンボジア航空で帰ろうと、最後に乗り込んだ、わが視察団の二人の団員が座席にあぶれてしまい、トイレに立ったまま、乗って帰ってくる羽目となった。たしか眞鍋貞樹・拓大大学院教授が、その貴重な体験者ではなかったか。飛行機には、待合室から、そのまま機内に乗り込む方式ではなく、駐機している搭乗機まで歩くシステムであった。

　ところが今回、シェムリアップ空港に降り立ってみて、驚いた。校倉づくりにも似た、東南アジア情緒あふれる近代的なターミナルに代わっていたのである。

「わぁ、素敵！　リゾートホテルみたい。写真、写真」

　連れが騒ぎ出す。

「空港は、たいてい撮影禁止だよ」

　そう言ってたしなめたが、ほかの観光客はパチリ、パチリやっていた。空港から中心街への道路の左右には四つ星、五つ星クラスの豪華ホテルが、軒を連ねている。町には、スーパーマーケットも入った大型ショッピングモールも、二軒できていた。二十四時間営業のコンビニもあり、赤いきつねや出前一丁も売っていた。

　町の中心にあるショッピングモールは、夜九時まで開いている。子供たちの楽しみは、この地域ではじめて設置されたエスカレーターに乗ることと、アイスクリームを食べること。老若男女を問わず、夕食後に繰り出している。憩いの場になっているようだった。

　支払いはドルである。レジ機も上段は米ドルで表示されている。もちろん、カンボジアの現地通貨リエルでも買い物はできる。ちなみに、一ドルが四千リエル強。ちょっとした買い物でも、たくさんのリエルが必要となり、かさばることになる。

ところで、現在のリエル札は、どこで印刷されているのだろうか。お札は高度の印刷技術を要する。他国に委託印刷している国も多い。かつてカンボジアは、バーツ（タイ）か、ドン（ベトナム）通貨圏になるのでは、と言われていた。それが、現実はドルである。なにぶん経済活動であるから、利便性など経済合理性によると思われるが、たぶんに気分の問題も介在しているのではないか。

商売上手なベトナム人には、反感が強い。また、タイとは、ヒンズー教寺院遺跡の帰属をめぐる国境紛争を抱えている。とかく周辺諸国とは、軋轢が生じがちなのである。

シェムリアップには、アンコールワット&トムの定番以外にも、東洋のモラリザと呼ばれる仏像など遺跡が多い。夕陽の中、それら遺跡群を眺めていたら、カンボジアの家族と知り合いになり、一家と記念写真を撮った。しかし、撮った写真は、いまだ手元にある。届けなければ、と思ってはいるのだが、住所は判らないので……。

プノンペンでは一九九三年春に亡くなった、選挙ボランティアの中田厚仁さんと、文民警察の高田晴行警部補のそれぞれの慰霊碑に、献花をしてきた。在留邦人の方に「それは善いことをなされましたね。ほとんど訪れる人がいませんから」と言われる（註・二〇一三年、安倍総理も訪れた）。

あのとき「ＰＫＯ法では汗を流せと書いてあるけれど、血を流せとは書いていない」と見栄を切って閣僚を辞任された大臣がいた（註・後の小泉総理）。また、「ＰＫＯは戦争への道」と断乎反対を叫んでいた評論家たちもたくさんいたが、いまは何と言っているのであろう（註・そう言えば「安保法制は戦争への道」と叫んでいる人たちも、同じ顔ぶれでした）。

　市内のフランス料理店でランチをとる。焼きたてのパンとカボチャのスープ、白身魚のソテーが、すこぶる美味だった。建物は、かつてのフンセンペック党（王党派）の事務所であった、と聞いた。

ラオスで元王女様に

　ラオスが最近、話題となっており、日本からの経済ミッションも頻繁に出ている。

　一つは、中国やベトナムの最低賃金の上昇が著しいから。いわゆる中国プラス・ワンの投資先として、比較的賃金が安いラオスが注目されてきている。

　二つは、「アジア・ハイウェー構想」の進展。中国の上海からタイのバンコクに向けて、トラック輸送をする場合、ベトナム北部のハノイ、そして中部を経てラオスに入る。そこで、右ハンドルのタイ向けに、荷の積み替えを行わなければならない。物流基地となっているのだ。

　三つは観光。世界遺産や仏教遺跡、雄大なメコン河にも圧倒される。

　ラオスは本州ほどの広さに、約六百五十万人が暮らし、国民一人当たりの所得は約一千三百五十ドル（二〇一二年）。仏教国であり、人民革命党の一党支配が続く共産主義国家だ。

内戦の頃は、左派、中立派、右派の三派に分かれて争ったが、日本の援助などで建設中であったナムナムダム湖周辺では、お互い戦闘を控えた。どの勢力が勝とうとも将来、国民の財産となるダムは必要だ、という各派の政治判断からだ。スファヌボン殿下（左）、プーマ殿下（中）、ブン・ウム殿下（右）と、各派の統領が王族であったことも、可能にしたのかもしれない。現在、ダムで作られた電力は、タイやベトナムに売られ、外貨を稼いでいる。

これは拙著（『サンダル履き週末旅行』竹中書店新社）でも触れたエピソードだが、ほぼ十数年前、実は私、その旧王族の一人、元王女のマニーライフさんに会っている。

ご主人が、古都ルアンパバーンで、サンテイホテルを経営していた。身長は百六十五チセンを越えていたのではないか。一般のラオス人女性と比べて、かなり大柄であった。

ご自宅に押しかける。元王女様は、裏庭の馬小屋みたいなところで、ミニタオルを干していた。突然のアポなし訪問なのに、柔和な笑顔で迎えてくれる。

「なぜ、ラオスに来たのですか」

「内戦報道で、興味を持っていたからです」

そう答えたが、小生のたどたどしい英語では、あまり会話とならなかった。記念写真の撮影を所望する。「アイシー」と言われ、彼女の提案により、玄関前に場所を移して写真を撮った。

それから十数年、ラオスは経済成長を続け、かつて「町には車が少なく、信号機もほとんど見かけない首都」と著名な旅行作家が書いていたことが、完全な間違いとなってきている。

ビェンチャン市内にも、完全舗装の道路もでき、信号機も、そこかしこに立つようになってきている。朝夕には、一部で渋滞も起こる、普通の近代都市になりつつあった。

それでも同行氏は「エッ、これで首都ですか」と驚いている。

「いや、タクシーだって増えたし、かつては昔のタイのようにトクトクだったからね」と答える。ミゼットみたいな小さなオート三輪で、荷台に客を乗せていた、と説明したが、分かってくれたかどうか。

市の中心部には、ひときわ目立つ中国が寄付した文化センターができていた。中国資本の大ショッピングセンターなど、中国や韓国の影響力が強まってきている。日本も最近、イオンがショッピングモールを開店させ、人気を博している。それと、日本食屋は増えましたね。その一軒に入ってみると、日本人客は自分たちだけ。客の大半は地元の人たちだった。これは世界的な傾向だが、日本食がそれだけ親しまれるようになったことと、地元食に比べ、高めの料金（焼き鯖定食が約八百円）を払える層が増えたということだろう。

中国プラス・ワンということで、ラオスにも、日系の工場が作られたりしている。「タイに比べて賃金は半分なんですけどね、生産性も半分でして…。いまタイからやってきている技術指導員が、工場内の整理整頓から、まず教えていますよ。昔、私たちがタイで彼らに教えていたことですけど」と日本の技術指導者が言っていた。

そんなラオスに、「カンパイ」と杯をあげたいが、それは避けたほうがよい。ラオス語で、

「カン」はつまむ、「パイ」は、男性自身を意味するそうである。粗末な当方のそれがつままれたって、面白くも可笑しくもない。

バンコクの初老シンガー

タイは数年前、大洪水に見舞われた。

もともとバンコクは、雨季に水がつきやすい土地柄である。それに嫌気がさし、国の発展の観点から、首都をタイ中央部に移転の噂が絶えない。

夏にバンコクに行ってきた。ビル建設のラッシュは続き、ショピングセンターはさらに充実してきており、繁栄を謳歌しているように見える。事実、失業率も一％を切っていたりする。ところが、高架鉄道駅あたりでは、乞食の母子も見かけた。

一九八二年に初めてバンコクに行き、その後、数え切れないほどタイに行っている。タイが目的の旅よりも、ミャンマー、ラオス、カンボジアなど近隣諸国を訪問する乗り換え、あるいは中継基地として立ち寄っていることが多い。

今回は家族旅行である。「バンコク市内観光や、アユタヤにも行きたいわね」。そう言われたので、暁の寺に行き、エメラルド寺院に寄った。迎賓館みたいな建物があり、なんだか見覚えがある。

「内装は豪華で、天井が高い大きな広間がありますよね」

案内してくれた地元のガイドに訊ねた。

「えぇ、そうですが……」と彼は、驚いている。

実は一九八二年に、そこでプレム首相（当時）に会っているのだ。もちろん、私が会談当事者ではない。訪タイ団の一員として陪席していただけだが、首相は上背があり、なかなかの美丈夫だった。彼は王様の信頼が篤く、九十歳を過ぎても、長く枢密院の議長を務め、反タクシン派の黒幕である、と言われたりしている。

「タクシン派だ、反タクシン派だと、言われてみてもねぇ」

これは、現地に長年在住の日本人の声で、「民主的な選挙といっても、露骨な利権誘導や買収がつきものなんですよ」と語っていた。軍部クーデターに、抵抗感が少ない理由も、実はそこにある。

アユタヤにはバスで行った。一時間半かかった。仏像や遺跡は、それなりに素晴らしい。ただし、ミャンマーのバガンやカンボジアのアンコールワットのような壮大さはない。と言っても、ベトナム中部のミーソン遺跡よりは規模が大きいし、華麗である。大都市バンコク近郊にある遺跡としては、観光価値があるのではないか。

帰りが同じバスでは飽きると思い、鉄道を使ってみることにした。

しかし、これが不正解でしたね。駅で、待てど暮らせど、列車はやってこない。結局、二時間遅れとなってしまった。でも、木造の趣きのある駅舎であったので、椅子に腰をかけて、悠然（?）と時間を過ごしていたのも、なかなかオツなものでしたよ。

本当は、夜のチャオプラヤ川クルージングに間に合うかどうか、気が気ではなかった。しかし、予定を一部カットしただけで、セーフだった。

余談ながら、船内バイキングも、船から見た街の夜景も、それなりに良かったのだが、なんと言っても圧巻だったのは、デッキ中央のステージである。

初老の男性シンガーが、渋い声で、『スタンドバイミー』『マイウェイ』といったスタンダードナンバーを、情熱を込めて歌い上げる。ただただ聞きほれてしまい、ケチな私としてはめったにないことなのだが、チップをあげて喜ばれた。

翌日、また〝船遊び〟である。かつて、バンコク市内の水上市場の見学で観光船に乗っているが、今回は違う水上市場に向かう。

前回のとき、ミャンマーのインレー湖の素朴な物売りや、カボチャやパインなど売り物を船の物干し竿にぶら下げている、派手なベトナム・メコン河のカントーなどに比べて、つまらないと感じたものだが……。

市内から一時間以上かけて向かった先は、水路を船で行くと、両脇の店から土産物を勧められる形式で、観光用のセットを通り抜けて行くみたいである。生活感がまるでしない観光水上生活者の里でしたね。車の往復だけでも無駄。徒労ということです。

そう旅行社の友人に言ったら、「あそこは駄目です。新国際空港方面に金土日だけ開くマーケットがいいですよ」とのこと。次回は訪れてみよう。もちろん、洪水のときは避けるが……。

蟹カレーとマンゴスチン

シンガポールは、日本が自由貿易協定を結んでいる数少ない国の一つである。日本の淡路島ほどの大きさで、人口は約五百五十万人の都市国家だ。

そのシンガポールの正規軍は、六万五千人だという。

人口比で考えると、日本でいえば百五十万人を超える軍隊を持っていることになる（自衛隊は約二十三万人）。予算も全支出の約二八％で、二年から二年半の兵役義務がある。予備役も含めると三十万となり、スイス同様かなりの「国防重視国家」と言えよう。

「隣国マレーシアを意識して、アメリカ海軍やオーストリア海軍に港を提供していますし、訓練のため、アメリカやオーストラリア、それに台湾の基地も借りていますよ」（産経新聞東京特派員・湯浅博氏）。

シンガポールの観光地として有名なのは、セントーサ島である。

巨大な水族館や東南アジア一といわれる昆虫館、それに蝋人形資料館、正式には「シンガポールの開拓者と降伏の舘」が有名だ。日本人の観光客も、よく見ている。これが問題なのである。人形館は、見ていくうちに、英国による植民地支配より、日本軍による占領時代のほうが悪かった、との印象が、持たれるように作られている。果たして、そうだったか。

私なら蝋人形館よりも、フォートカムニング公園にある、英国司令部跡の見学を、お薦めする。まず実写映像鑑賞があり、次に入る。ここでは、昭和十七（一九四二）年二月十四、十五日の降伏直前の英軍司令部が再現されている。

十二月八日の開戦から二カ月余で、なぜ当時、難攻不落と言われていたシンガポールが、落ちたのか。この司令部跡には、日本語による解説イヤホーンもある。でも、訪れる日本人客は少ない。

次のシンガポール旅行でのことだ。同行の友人、K君が税関でひっかかった。なかなか出てこない。さすがに、心配になってくる。芸能人が所持していて、よく逮捕される〝あれ〟を持っていた？

いや、髭を伸ばして挙動不審者と見られた？

あらぬ疑いが、ほんの一瞬だが、よぎった。

一時間半ほど経って「やぁやぁ悪い、悪い」と当事者のK君が、やっと出てきた。入国を果たした彼の説明によれば、トランクに入れていたタバコ四箱がひっかかったのだという。

彼の国では、タバコは一本から申告しなければならず、本数に応じて税金がかけられる。

「タバコの所有権を放棄する」

そう言ったら、「放棄承諾文書」を書かされた、と言っていた。

きれいな街である。

クシーの運転手氏によれば、有料道路を使った場合、通った時点で自動的に記録されるシステムで、後で精算されると聞いた。電子社会というべきか、管理社会というべきか。

夜、ベイエリアにある、蟹で有名なシーフードレストランを利用した。タラバガニほどの大きな蟹が、カレー風味のスープで煮られて登場してきた。ただただかじりつく。ヤンゴンの蟹カレーや、マカオのポルトガル風蟹カレーも食べたことがある。ボリュームといい、果物やスパイスも効かせたマイルドな味ともいい、シンガポールの大皿が断然、他を圧倒している。

実は、秘かにマンゴスチンを楽しみにしてきた。紅茶色の拳大の果物で、ドリアンが果物の王様なら、こちらは女王様と呼ばれている。当方は、中の白い弾力ある果肉が大好きなのだ。旬は五月から八月である。九月に訪れたので、食べられるかどうか、心配をしていた。

夕食後、果物屋が軒を連ねる市場に行く。一軒だけ、それが置いてあった。三十個ほどついた枝が八十円。日本では冷凍輸入されたものが、一個三百五十円ほどもする。本当にありがたい。もちろん買い求め、中ほどを押して厚い皮を破って、白い身を取り出す。ひとかけらを口に入れた。ほの甘く弾力もある。友もたいそう気にいってくれた。

マニラで年の差カップル

はじめてフィリピンの訪れたのは、一九八六年二月、コラソン・アキノ政権（現ベニグノ・アキノ3世大統領の母）が誕生したあとである。

空港を一歩踏み出したとたん、子供たちがワッと寄ってきた。バッグを運ぼうとする。交差点に車が止まれば、子供らが文字通り蝟集してくる。新聞やガムを売りつけようとしたり、勝手に窓ガラスを拭こうとする。とにかく稼ぐことに懸命であった。

泊まったホテルはマニラホテル。かのダグラス・マッカーサーが愛した宿である。ロビーの天井が、普通のホテルの倍はある本格派であったことと、部屋から見たマニラ湾に落ちる夕日が、新鮮なヨード卵の黄身のように、真っ赤に輝いていたことを覚えている。

二度目は、ラモス大統領の頃、九〇年代後半となる。

鉄道線路を走る庶民愛用のトロッコの話は、拙著（『サンダル履き週末旅行』竹内書店新社）に書いた。それより驚いたのは、マニラ便に乗ったら男たち二、三人組が多かったことである。そして、隣の席の客から声をかけられた。

「どちらに、行かれるのですか」

どちらに、と言われたって、飛行機の中である。マニラに決まっているではないか。怪訝な顔をしていると、その初老の男性が「八王子に住む板金工で、六十歳です。二ヶ月に一度のペースでね、マニラに来ているんですよ。来ないとね、彼女から、パパ、淋しいと、電話がかかってくるもので」と語る。

マニラのどの町に行くのか、と聞いていたのだ。

「いや、観光ですから」と答える。

「パブで、知り合ったんですよ。子供が二人いましてね」

「あなたの？」

「いえ、彼女の子です。私は独身です」

柿、リンゴ、オモチャ、お菓子と、山のように土産を持ち込んでいた。彼女宅を訪ねると、両親や子供たちも喜んでくれるという。「パパが、何人もいるかも」と思ったが、その言葉は飲み込んだ。還暦氏の生きがいを、批判する気になれなかったからである。

話は飛ぶ。数年前、フィリピンの婚外婚の子に、日本国籍取得を認める判決が出た。圧倒的に彼の地の女性と、日本人男性との間の子供が多く、その逆は少ない。日比混血児は、ジャピーノと呼ばれている。アジアには戦前から、そんな話がたくさんある。ミャンマーのベストセラー小説『血の絆』は、日本軍人と地元女性との悲恋がテーマだ。千野皓司監督によって、映画化もされている（いまだ一般上映されていない）。

先年春、愚妻とセブ島とマニラをまわってきた。ロングステイの下見である。ガードマンでがっちりガードされた高級マンションがあり、大型ショピッングモールも充実していた。安くて美味い日本料理店もたくさんあったから、生活するのに心配はない。でも、そういうところには、自分は住みたくない。「出島」暮らしみたいだからである。

マニラで、日本料理店に入った。パッと目についたのは、初老の日本人男性二人組と、二十代地元女性との組み合わせである。あちこちで四人が一卓を囲んでいた。

「アレッ、なんなの？」

愚妻が素朴に訊いてくる。

「いやっ、アレだろう」

答えにもならない返答をした。判ってくれたかどうか。日本男性は気が弱い。言葉もできない。だから、つるむ。

マニラには、砦や教会と観光名所も多いが、好奇心から、ダウンタウンに足を運んだ。小屋というのがふさわしい住居が密集していて、何もすることのない老若男女が、日ながボケッとしている。

外国人が歩くと目立つのか、上半身が裸で、刺青を入れたおにいちゃんたちに「ハロー、ウエルカム」と、元気のよい声をかけられた。物怖じしない子供たちにも囲まれ、口ぐちになんとか言い募っている。

駄菓子屋は、お金の出し入れ口がついた金網が張られていた。商品がガードされているのである。食料品から洗剤、文具などなんでもそろい、ツケ買いもできるサリサリ・ストア（小規模雑貨店）も、健在であった。ここなら住んでもよいと思った。

投資先にフィリピンが

フィリピンのベニグノ・アキノ3世大統領、故コラソン・アキノ大統領の長男である。実は当方、前のアキノ女史が「ピープル革命」で大統領となったとき、マラカニアン宮殿でお会いしている。一九八六年、民社党の東南アジア調査団の一員として、マルコス疑惑と日本との関連の解明のために訪比したもので、握手がエレガントで政治家というより、貴族みたいだなと思ったものだ。

マルコス政権の頃から、何度か彼の地を訪れている。

マニラ空港を一歩、外に出ると、子供たちが荷物を運ぶからとチップをねだり、車が交差点に止まると、サッと新聞売りやチューインガム売りの青少年が寄ってきた（くる？）ものだ。

スモーキーマウンテン側の貧民街に行くと、粗末な小屋に大家族がたむろしていて、ゴミの山から再生品を見つけて、売りに行き、生活しているという話も聞いた。日本の昭和三十年代前期、米軍のゴミの山で、そんな暮らしをしていた人がいたことを思い出した。

何はともあれ、フィリピンはマルコス後、アキノ、ラモス、エストラダ、アロヨと政権が変遷し、ラモス政権時代に政治は安定して、年率五％の経済成長を果たした。ところが、エストラダ、アロヨとフィリピン政界名物の汚職疑惑が大きな問題となっていった。

「まぁ、そう言われていますけどね、フィリピンの投資環境は、決して悪くはないですよ」

そういうのは、『今こそフィリピンビジネス』（カナリア書房）の著作もある、バンコク在住のアジア・ジャーナリスト、松田健氏である。

彼によれば、「フィリピンで製造し、輸出する外資企業に税制上の優遇措置を導入しておりますし、労働力も豊富なので、投資先として有望な国ですよ」と主張をしている。

フィリピンは、

①日本からすぐ駆けつけられる近さ

②そこそこに話せる英語力

③親日的で穏やかな国民性がある

そう、評価されているのだ。

インド人などは、マニュアルに従わない傾向にある。

ところが、フィリピン人は指示通り作業をこなす。

また、中国人のように仕事を覚えて起業しようともしない。もし、辞める場合でも、フィリピン人は一人で辞めて行く。これが中国人となると、リーダー格が辞めれば、グループ全員で辞めて、ライバル企業に転職したりする。そんな心配が少ない分だけ、安心して企業投資ができるというものだ。

そのためもあろう、日本人の新婚ツアーやロングステイでも人気なセブ島に、ハングル文字の看板が目立つ。韓国企業が、あまた進出してきているのである。進出企業の奥さんや子供たちは、英語学習に励むと聞く。遊びにくる日本人と、仕事や学びで努力する韓国人。これでは勝てませんよね。

フィリピンの政治事情だが、大統領選とともに行われた上下国会議員や知事選で、名家出身者の当選が相次いだ。マルコス家では、ぜいたくな靴のコレクションなどで槍玉にあがったイメルダ未亡人が下院議員に、長男のフェルナンド氏が上院に、長女アイミー氏が州知事に、それぞれ当選したそうだ。

きわめつけは、アロヨ前大統領であろう。今回は下野後、下院選に出馬し、見事当選を果たした。大統領経験者からの下院議員への転身は、同国でも初めてとのことだそうだ。世界各国をみても珍しいのではないか。ロシアのプーチン大統領は、首相に替わったけれども、地方政治家になったわけではない。そして、また大統領に戻った。

二〇一六年に、フィリピンではまた、大統領選挙だという。果たして、今回はどうなるか。

日本では、国会議員から都会議員や県会議員になったケースや、市長から市会議員になった話は聞く。ただし、それもきわめてまれでしかない。

トラムの街イスタンブール

イスタンブールに行ってきた。

十五年ぶりだが、物乞いをほとんど見かけなかったことと、街を歩く人たちの服装が格段に良くなったことが印象に残った。ベトナム、インドネシアらとともに、ＶＩＴＡＭＩＮと称せられる〝新興発展諸国〟の一つだけのことはある。

宿は、旧市街グランドバザール近くのプレジデントホテル。いわゆる歴史地区の見所、ブルーモスク、アヤソフィヤ、トプカプ宮殿などは、歩いて十数分のところにある。二両編成の路面電車（トラム）を利用すれば、ものの五分もかからずに行ける。

根がヘソ曲がりな当方は、海岸沿いを走る国鉄を一駅区間だけ、利用することにした。

大都市近郊を走る通勤電車かと思いきや、駅はホーム上で切符を売る人がいるだけ。一時間に三、四本走るとのこと。素朴な田舎町の停車場の雰囲気である。かつてオリエント急行が走っていた鉄路の筈だが……。それに比べ、トラムは次々と走っている（現在は、日本の援助によって地下鉄も開通した）。清潔な車内で、お客も多い。外国人であったためであろうか、それとも単にジジイに見られただけなのか、席を譲られる。

国鉄の終着駅・シルケジは、健在だった。レストランも営業を続けている。しかし、そのドッシリした風格に比べ、乗降客も少なく、ヨーロッパ最東の駅としてにぎわっていた面影はない。対岸のアジア側、ハイデルバジャ駅は、シルケジにも増して石づくりの重厚な駅舎である。首都アンカラへの長距離列車の始発駅なので、それなりに乗客の姿を認めそうだが、時間が悪かったのか、閑散としたものだった。ただ、有料トイレの隣の床屋だけが、忙しげだった。頭を刈るのは次回にしようと決め、トルコのお風呂ハマムに向かった。

一五八四年創立のチェンベルリタシュ・ハマムは、トラムの駅のそばときいていたのだが、入り口はなかなか見つからない。目立たないつくりだったからである。

しかし、中は大理石づくりの豪華版である。客は地元の常連のほか、筆者のような外国人も多い。「オー、ジャパン」と声をかけてきた、初老の陽気な従業員にアカスリ、マッサージ、シャンプー、全身洗いと身をゆだね、最後はオイル・マッサージで締める。少々荒っぽかったが、サッパリする。休憩室で、絞りたてのオレンジジュースをぐいと一杯やると、「極楽、極楽」てなもんですな。

ホテルの地下一階にあるオリエント・ハウスに行った。

ベリーダンスのほか、メグラーナの旋回舞踊、国内各地の歌や踊りで有名な店である。「日の丸」の国旗が飾られたテーブルに案内される。まわりにはドイツ、イギリス、フランスといった見慣れた国旗のほか、月が入ったイスラム諸国の卓上旗が並ぶ。

濃厚なベリーダンスも終えて、男性歌手が一人、舞台に登場した。一つひとつのテーブルに顔を向け、国名を上げて語りかける。ヨーロッパ諸国のほかパキスタン、カタール、コロンビアと続き、「ジャパン」と呼びかけられ、『上を向いて歩こう』が歌われた。

つい、うっとりする。

それにしても、次に呼ばれたイランの若い女性たち（十代後半）が、彫りが深い顔立ちで、なんと瞳がきれいなことか。スカーフをしている娘は少なかった。外国にきて開放された気分なのであろう。キャッキャッと、はしゃいでいる。修学旅行の習慣があるのかしらん？

トルコは世俗国家と言われており、イスラム色が強くない。否、宗教色が強い政党は、憲法違反として裁判所から解党を命じられるか、「国是」違反ということで、軍部クーデターが起こされかねない国柄なのである。現在の政権政党・公正発展党について「ドイツでいえば、キリスト教民主同盟みたいなものですよ。宗政一致を行うものではありません」と関係者は言っているが……。果たしてそうであろうか。

トルコは、いま経済成長が見込まれ、海外から進出企業も多い。中央アジア諸国から中国新疆ウイグル自治区までの〝トルコ系住民〟との連帯感や、イスラム世俗国家としてインドネシアやマレーシアなどとの良好な関係もある。日本との歴史的な関係から〝親日国〟と言われている。日本とトルコの歴史的経緯については、映画『海難１８９０』や門田隆将著『日本・遥かなり』を参考にしてほしい。

テヘランではポリスに

イランには、二十年近く前になるが、一度だけ訪れたことがある。陸路、東トルコのギュルブラック国境事務所を通過した。トルコ側には、トルコ建国の父・ケマル・アタテュルク大統領の肖像画である。

イラン側には、宗教革命の指導者・故ホメイニ師。最高指導者・ハメネイ師、そして、ラフサンジャニ大統領（当時）の写真が掲げられてあった。いまならハッサン・ローハニ大統領の写真であろう。

現在、その最高指導者と、現大統領との対立が、報じられているが、真相は分からない。イランでは、国会議員選や大統領選も、通常的に行われている。ただし、イスラム法学者で構成する護憲評議会で、候補者が事前審査されるという制限はある。

たまたま、国会議員選挙を見る機会があった。スピーカーを備えた選挙事務所や、候補者名入りの選挙チラシ、顔写真が入ったポスターなどと、日本とまったく同じような選挙風景であった。青年代表、婦人代表、労組代表ほか、あまたの支援団体から、多数の候補者が出ていて、地元の人によれば「定数の十倍ぐらい立候補している」とのこと。

イランへの入国審査は、それは厳格をきわめていた。

カバンを開けての荷物検査はもちろんのこと、前に並んでいたフランス人旅行者が、六枚のＣＤが摘発されて、〝白いポスト〟に捨てられていた。当方は、ＣＤのジャケットは事前にはずしてきており、グラビア雑誌の類も持ち込んでいなかったので、誰何はされなかった。「キリスト教文明の害悪から、イランを守るためには、万里の長城を築きたい」（ホメイニ師）との思いで、建国された。

女性は、身体の線が明らかになる服装が厳禁であり、お酒も飲めない国なのである。国境事務所横の銀行に寄って、所持金のドルを見せて、所持金証明の判を押してもらう必要もあった。

首都テヘランに向かう田舎町では、夜九時過ぎに、男たちが手をつなぎあって、アイスクリーム屋に入って行くのを、何度も見かけた。在住邦人の方に「日本なら、友人と居酒屋に寄る感覚なんですよ」と言われたが……。

昼食のため、レストランに入ると、青年がやってきた。「私の奥さんは、日本人ですよ」と横の女性を、紹介してくれる。

彼女は、神奈川県の出身で「彼とは、日本で知り合ったんですよ。日本の方とお会いするのは、本当に久しぶりでしてねぇ」と懐かしがってくれた。身重であったので、「大変ですね」と声をかけると、「実家から仕送りがありますので……」と、率直に答えられた。生活には困らないらしい。ご亭主は、トヨタの中古車を乗り回していた。

「それも、ご実家からの仕送りで買われたんですか」と、率直に訊きたかったのだが、そうもいくまい。異国の地で、子を産むのだ。母子に幸あれと願った。

テヘランでは、青年らに、よく日本語で話しかけられた。

「日本の方ですね。私はね、栃木県の佐野市にいました」

「ああ、ラーメンのうまいところね」

などといった、会話を楽しんだ。

そのテヘランの中心道路に、歩道橋がかかっていて、「こんなところにもあるのかぁ」とボンヤリながめ、カメラを構えたら、コツコツと腰にあたるものを感じる。ふっと見ると、制服二人組みが私に密着している。カラコニア銃の銃口があたったのだ。

「○▽○▽○▽」

ペルシア語で職務質問（?）してくる。分からないで途方にくれていると、通りかかったビジネスマン風の中年紳士が、助け舟を出してくれた。

「どこから来たか」「目的は何か」「どこに泊まっているか」

ゆっくりした英語で訊ねてくれる。これならば、答えられた。

最後に「パスポートを見せろ」となった。あいにく持参していない。ホテルカードを見せて、解放となった。「革命防衛隊だったのか」とビジネスマン氏に問うと、「ポリスだ」との答えであった。いずれにせよ、通訳してくれた彼に感謝、感謝である。

湾岸戦争直前、イラクへ

まったく予定していなかったのに、外国に行くことになったことがある。それも、あのイラクである。

一九九〇年八月二日、イラクのフセイン政権がクウェートに侵攻した。クウェートに居た外国人は、イラクに連れ去られる。世界各国が、これを非難するが、イラク側は外国人らを〝人間の盾〟にする動きを見せていた。その年の十一月末である。スポーツ平和党の党首（当時）、猪木寛至（アントニオ猪木）参議院議員らが、バグダッドにわたり、〝スポーツ平和祭典〟と行うことになっていった。

そこで、大内啓伍民社党委員長に呼ばれた。「君に、イラクに行ってもらいたい。参議院の田渕（哲也・参院議員会長）や足立（良平・参院国対委員長）から『猪木との関係もあるので、行かせてほしい』と言ってきた」

当時、民社党は、猪木議員ら党外議員らの協力を得て、参議院の院内交渉団体を維持してきた経緯がある（当時、衆院は院内交渉団体の資格はなかった）。しかし、当方は英語が大の苦手で、多国籍軍の展開にも賛成派である。それを、充分に知った上での依頼であった。

「もう一つ。イラクに行けば、向こうの社会主義計画党（バース党）との共同声明を出そうとなるかもしれない。日本の国会議員というものは、外国に行くと、向こうの提案を受け入れやすい。それは駄目だ。そのときは、委員長からきつく止められておりますので、と言って、君が阻止してくれ。また、マスコミなどに、民社が猪木ミッションに参加と報じられたくない。あまり目立たないように」

そう命じられた。

メンバーは田渕、足立、寺井の三名である。

まず、国会裏のスポーツ平和党本部に、トルコ航空のチケット代など参加費（確か一人七十数万円）を支払いに行く。新聞寿幹事長、佐藤公美子秘書らがてきぱきと対応してくれた。

次に、海外旅行保険に入ろうとすると「戦争が予想される地域ですので、適用外です」と断られる。銀行カードも、経済制裁対象国なので使えない、と分かった。そして、三和銀行（当時）東京支店の公務部を呼んだ。

「二万ドルを現金で用意していただきたい。それも全部一ドル札、五ドル札、十ドル札などの古い紙幣で」

「すぐにはそろいません。一両日、そろえる時間を下さい」

いざとなったら、札ビラを切ってでも陸路、隣国に脱出する決意だったからである。その際、高額紙幣や新札では受けとってもらえない可能性もあるのだ。

さらに秋葉原に行き、短波ラジオを買い求めた。情報源とするのである。

電熱湯沸かし器もそろえた。インスタント食品も用意する。後に、バグダットのホテルでお湯を沸かし、両議員にインスタントラーメンとコーヒーをふるまったら「いやぁ、委員長がなぜ君を連れて行ったらよいと言われたのか、分かったよ」と喜ばれた。当方が「英語ができない」と聞かされ、お二人は少々不安だったらしい。

ヨルダンの首都アンマンまで、トルコ航空のチャーター便だった。派遣団は政界人、プロレスリングやスポーツ関係者、音楽家、マスコミ、そして〝人質〟となっている日本人の家族らで構成されていた。

そのお一人に「主人が向こうにつかまっているんです。『イラクに行きます』と主人の会社の人に報告しましたら、『行かないで下さい』と言われました。主人も私が行くと知ったら、『来ないでほしい。危険だから』と言うでしょうね。でも、行った方のご主人が解放されて、うちのが解放されなかったら、一生後悔することになりますので」ときっぱり言われた。

大和撫子である。何も言えなかった。

バグダットに着き、当方らと、イラク政府関係者の顔合わせというべきイベントがあった。

会場入口には〝人質〟夫人らが机を出し、日本から持ち込んだ粉ミルクの缶が積んであった。また、彼女らは、イラク要人らの首に千羽鶴もかけていた。なんだか、銀行押し込み強盗をし、人質をとって立てこもっている犯人らに、差し入れをしているようで、〝そこまでするのか〟の気分となった。

当方らも、元ダイエー労組委員長だった勝木健司参議院議員（当時）のはからいで、成田のダイエーから二百万円相当の米・野菜ほかの食料を持ってきていた。それを全部、在バグダットの日本大使館に寄付した。大使館では、庭に野菜畑をつくり、戦争に備えていたからである。

雲南は温泉天国

中国南方の雲南省は、少数民族の故郷と言われている。

とはいえ、爆破事件が起こったこともある。多数派の漢族のほかタイ族、ペー族、チベット族、ミャオ族、イ族、回族、リス族などが多数住んでおり、事件の素地はある、と書くと、どんなに物騒なところかと思う人もいるだろう。

しかし、二回ほど訪れた体験からいえば、北京や上海などの猥雑さや、身の危険性を感じることは、まったくといっていいほどない。安心・安全、健全な土地柄なのである。

海抜一千八百九十一メートルの高地にあり、年平均気温が二十一・四度。温暖な気候柄で、花が年中咲き誇る「常春」の地である。そこで、一九九九年には「花博」も開かれた。

省都・昆明は人口約六百万人の大都会である。高架の高速道路が、何路線も走っており、町の中心部には、高層マンションも多い。

「いや、すごいですなぁ。誰が買うんですか」

「地元の金持ちのほかは、広東や福建の金持ちですね。それに、台湾やシンガポールのオジさんたちも…」

地元のガイド氏は、こともなげに答えた。

「えっ、台湾の?」

素朴な疑問を呈すると……。

「彼女に、買ってあげるんですよ」

いわば妾宅だという。気候が台湾よりきつくなく、過ごしやすいので、セカンドハウスにもってこいの土地なのだそうだ。

福建や広東に工場を建てる。女性は遠く離れた昆明に囲う。理由(口実)は静養のためとか、ゴルフ場通いとか、接待とか、なんとでも説明がつく。

事実、ジャック・ニコラス設計の昆明スプリングシティゴルフ&レイクリゾートもある。「中国や香港で、ナンバーワンのゴルフ場」と言われている。一度だけ、実際にプレーした感想でいえば、山や湖など自然をふんだんに生かした三十六ホールの本格派であった。

なお、余談ながら、「夜の女性は、四川や貴州など、他省の出身者が多いですね。気立てがよいですよ。お一人どうですか?」。そうセールスが入ったって、当方に、そちら方面の才覚があるわけではない。だからというわけでもないが、市内の「富士の湯」に向かった。

温泉である。

「いやぁ、いい。いい」と同行の郡山貴三さん。

「サウナもあるなぁ」と私。

露天風呂に大浴場、薬湯、和食レストランからマッサージ室、カラオケに麻雀室もある。日本によくある健康センターみたいであった。経営者は、日本に留学経験者のある上海人だとか……。清潔でサービスが行き届いていて、気持がよかった。

さらに、お勧めは、市内から車で四十分の安寧温泉である。こちらには大温泉プールつきのホテルがあり、大きなスベリ台に、子供たちがはしゃいでいたりもした。

日帰り入浴施設もある。タイル張りの消毒の匂いがきつい個室温泉に入った。清潔過ぎて、公立病院か、学校の保健室併設施設みたい。温泉に入った気分がしない。町の中心に、「天下第一」と書かれた源泉もあった。

昆明市内でおいしいものといえば、海鮮鍋がある。内陸部なのだが、広東や福建からの旅行者が多いため、トラック輸送の魚貝を使うという。わざわざ遠くまで来て、故郷の素材に舌鼓を打つのである。味付けは四川風もあり、辛いながらも旨みが凝縮されていて、美味である。もちろん、地元産の野菜や肉も入れ、そこで締めの黄色い細めの麺もこたえられない。

温泉は、中国各地にある。私の一押しといえば、九氣温泉である。同じ雲南省のペー族自治区の区都・大理から、車で二時間揺られた山あいに入る。洱源県にあり、子宝の湯として名高い。公衆浴場には、髪を三編みにした白族の女性たちが、子供たちと一緒にやってきていた。源泉では、温泉をポリタンクに詰めて持ち帰る人もいた。ついでながら、雲南といえば、大理や麗江の、明や清の時代がそのまま残ったような〝旧市街〟も推薦しておく。

中国大草原で臨時停車

海外で最初に列車に乗ったのは、一九七五年の八月末である。

訪中青年団の一員として、北京から南京まで、「軟座」と呼ばれる個室寝台に乗った。「硬座」は、いかになっているか。隣の車両に探検に出かけようとしたら、行き来ができないように、鎖の鍵が施されてあった。

通訳兼監視役のエスコート氏に、「見学したい」と申し入れる。「少々待って下さい」と言われ、ほどなく開けられた。足を踏み入れてみると、そこには紺色の人民服を着た老若男女たちと、あふれんばかりの荷物。インスタントラーメンを食している人もいた。

「輸送力はたいしたことありませんな。三線目も見かけないし」

そう言ったのは、同じ団員の国鉄職員（当時）である彼によれば、複線であったとしても、貨物輸送のことを考えると、駅などに引き込み線や退避線が、多数敷設されていなければ、輸送力が上がらないという。

蒸気機関車も、あちこちで見かけた。上海まで下って、飛行機で北京に戻った。着陸前に色気のない中年のスチュワーデスがにこりともせず、飴を投げてよこした。

北京からまた、東北部（旧満州）の大慶まで汽車旅行となった。「農業は大寨に、工業は大慶に学べ」と言われ、発展のモデルとなっていた地だ。大慶は、ただただ広く、学校の教室のような招待所に寝泊りさせられた。気温三十度後半の上海から十度未満の寒冷地にきたものだから、風邪にやられ、三十八度強の熱を出してしまった。

帰りの汽車が、家など一軒も見えない見晴るかす大地に、臨時停車をした。何故だろうと思っていると、当方の診察のためで、町から馬で医者が駆けつけたという。太い注射を尻に打たれた。同室の団員に「獣医さんかもしれませんよ」とからかわれたが、もちろん本物の医者で、それを境に熱は下がっていった。それにしても、私ごときに十五分ほどの臨停とは、乗り合わせた十数両の客に申し訳ない。「お世話になりました」と、エスコート氏に御礼を言ったら、「国の大切なお客様ですから」と返された。

ハルビンに着いて、大学病院に行く。治療に当たった先生の日本語は、完璧であった。「お上手ですね」と言うと、「大学は日本語の授業でしたから」と答えられた。帰国後、戦前、ハルビンで過した父に報告したら、「その医者は、満洲医大出身かもしれないな」と言われた。その後、何度も中国に行く。上海に訪れた際、市内から空港までリニア鉄道に乗った。八分であり、あっという間であった。

美人乗車で寝不足に

幼児の頃、ヒモを使って電車ごっこをした。

九〇年代の終わり、ラオスの古都・ルアンパバーンで、子供たちが同じ遊びをしていたので、感激した。彼の国では当時、電車も汽車も通っていなかったのだが……。二〇〇八年八月、タイのノンカイからメコン河を橋で渡り、ラオスの首都ビェンチャン近郊まで鉄道が通じた。

そのラオス側の始発駅、タナレングに出かけた。駅のホームでは、子供たちが自転車を乗り回していた。出入国事務所や税関もあったけれど、お客はほとんど見かけない。

ノンカイ行きは一日二往復。所要時間は十五分である。料金は二十バーツ（約六十円）。ノンカイからタナレングに列車でやってきても、それから先、ビェンチャンへの交通機関はない。

しかし、たとえばビェンチャンからタクシーでタナレングにやってきて、十七時のノンカイ行きに乗り、同十五分に着き、そこから十八時二十分発のバンコク行き夜行を利用すると、翌朝六時二十五分にバンコク中央駅に到着するのだ。一番安い座席は二百五十三バーツである。約七百五十円にしか過ぎない。最高のコンパートメントでも一千百十七バーツである。

列車はメコンの大河を渡る。そのとき自動車は通さない。道路の真ん中のレールを走るからだ。将来、シンガポールから豪華列車が走る噂はあるが、真偽は不明だ。

それはさておき、鉄道旅行は面白い。チェコのプラハからポーランドのワルシャワに夜行列車に乗ったときだ。いまから三十数年前のことで、まだ両国とも共産主義の時代であった。街を歩いていると若者に「スタイルブック・プリーズ」なんて、声をかけられたりした。西側のものに、なんでも憧れられていた頃である。

三段ベッド、六人部屋に若い美人が乗り込んできた。白い肌にブルーの瞳。ポニーテールの髪（何色か忘れてしまった）がまぶしい。

われらは、男性ばかり五人組である。

彼女は、平然と下段のベッドに納まった。もう一方の下段は、三十路になったばかりの当方である。上に二十代が四人。なんだか寝付かれなかったですね。翌朝、彼女はケロッとしている。少々寝不足気味の野郎共は早速、片言の英語で話しかけていた。

同じような体験といえば、ベトナムのハノイから北へ中越国境のラオカイに行ったときだ。イタリアからの青年たち（二組のカップル）と一緒になった。

「どこから来たの」

「ミラノさ」

そういった単純な会話を、当方と先方の坊主刈りの青年とかわした。工場の仲間であること、少数民族の故郷として有名なサパに行くこと、旅行のため有給休暇を一ヶ月とってきたことなどが分かった。

ハノイから南のフエへ下った夜行列車では、当時、八十五歳の王楓凱さんと、ご一緒になった。鍼灸師だと名乗り、「中国・福建からやってきて、ハノイに住み着いた。家族はカナダをはじめ世界に散っている。ダナンの患者を診に行く」と語っていた。

ミャンマーでは、中国雲南省近くのラシオ（温泉で有名）からの旅が印象深い。朝、四時、ラシオ駅に行ってみると、毛布みたいなものにくるまった人々がたむろしていた。

高地のシャン州は寒い。前の座席には、十代後半の女の子と四十代半ばの母親が座った。「マンダレーに家具を届ける」という。通路を挟んだ家族連れを含め、お菓子やミカンのやりとりをし、ガイド氏を介して、「日本は寒いの」とか、「職業は」といった質問にも答えた。

山の中を縫って、ソロリソロリ進む。時速は二十数キロぐらいか。朝五時過ぎに出発したのに、十時間乗っても、目的地の旧王都マンダレーは、はるかかなたである。焦れてしまい、日本軍の総司令部があったメイミョで降りて、車に乗り換えた。

ヤンゴンからバガンへ夜行列車に乗るとき、地元の人から「寝台車はやめたほうがいい」と忠告される。揺れがひどく、寝ていられないというのだ。リクライニングシートの上等席に乗る。車掌が本を貸しにきた。小遣いを稼ぐのである。乗り心地は荒馬乗りこなしのロディオみたいだった。

劉さんと張さん

講師をしている地元の大学での話である。

いつも真面目に講義を聞いている中国人留学生に、「お名前は？」と訊ねた。彼女は「チョウです。弓偏に長いという字を書きます」と答えた。

「アッ、張春橋のチョウか」と声が出てしまった。

「……」と沈黙が返ってきた。

アレッ、やっぱりまずかったかな。でも「張春橋、姚文元、王洪文、江青っての知らないかなぁ。四人組なんだけどさ」と続けてみた。

「江青なら、聞いたことがありますけど…」と、か細い声が返ってきた。確実に、お隣り中国でも、文革も四人組も分かっていない若い世代が、育っているらしい。

そこで、前の席に座っていた日本人の女子大生にも聞いてみた。

「キミ、東條英機って、知っているかい？」

「えぇ、知っています。ちょっと昔の人ですよね」

自信満々である。

（えっ、ちょっと昔？　だいぶ昔だけどな）

嫌な予感が走った。

「何、やっていた人？」と問う。

「たしか歌、歌う人でしたよね。踊りもやっているオジサンです」だって。

「それは、西城秀樹だよ」

怒るより、可笑しくなってしまった。

「吉田茂を知っているか」「佐藤栄作を知っているか」と矢継ぎ早に聞いてみても、みんなシーンである。男子学生だって、もちろん知るわけもなく、知らないのを恥じているのでもない。そのくせ、「吉田栄作は？」と言ってみたら、「ちょっと田舎っぽい二枚目ですよね」だって……。多くの学生が知っていた。

歴代の総理で、知っている率が高かったのは、断然、小泉純一郎である。さすがに長くやっていたからかと思ったら、どうも理由は違うようだった。ただ、小泉孝太郎（俳優）や小泉進次郎（代議士）のお父さんだから、ということらしい。

ところで、実際は訊いてみなかったから、本当のところは分からないのだけれども、きっと佐藤B作（俳優）は、知っているんだろうなぁ。

これは、某有名国立大学の話である。ゼミで歴代総理大臣の業績について、討論を行った。二人いた日本人学生からは、総理の具体名が、まるであがってこない。中国や東南アジアの留学生たちからは、伊藤博文、原敬といった名前が次々とあがって、活発な議論が行われたそうだ。

話は替わる。

九〇年代初めの中国西安でのことだ。ガイド嬢が「三国志でおなじみの劉備玄徳の劉と申します」と自己紹介した。二十代後半と見られる沢口靖子似の美形だが、拍手はまばらであった。化粧気もまるでなく、きりりとした秀才タイプに、反撥があったのかもしれない。

休憩時間に「劉少奇の劉ですと、言ったらよいよ」とアドバイスした。エッという顔をしている。意外だったのであろう。「僕は、尊敬しているからさ」と続けた。実権派と批判され、獄死した元国家主席に、哀惜の念を抱いているのである。

文革末期、一九七五年の夏、青年訪中団の一員として上海に行った。錦江飯店で、共青団（中国共産主義青年団）との交流会が開かれる。

その際、「共青団は解散されたときいた。再建されたのか。再建されていないとすれば、どういう資格で、みなさんはこの会に参加されているのか」と問うて、顰蹙を買った。

その後、二次会で「実権派として批判されている劉少奇、鄧小平のほうが正しいと思う」と発言して、物議をかもしたこともある。かねがね鄧小平の高い評価に比べて、劉少奇・王光美夫妻が可哀そうではないかとも思っているのだ。

いまなら、「劉暁波の劉です」と言ったほうが、分かりやすいのかもしれない。でも、中国政府が認めたくない、ノーベル平和賞受賞者の名前は、刺激的過ぎるのかなぁ。

ガイドの劉さん、夜の会合には、朱の口紅を引いてあらわれた。

ヘルペスとなった友

先日、福建省の泉州市から帰ったアジア好きの後輩、井上博文君に会った。

「大変でしたよ。行ったらすぐにヘルペス（帯状疱疹）という病気になったのです。神経がやられるというやつでしてね、これが痛いんですよ。町の医院に行ったら、大病院に行けと言われたんですね。そこは患者が本当に多いし、それに高かった」

「どのくらい？」

「入院費用は、一日一千元ですよ」

「一万五千円ぐらいか」

「えぇ、そうです。一カ月一千元の月給の人もたくさんいますからね……」

一週間入院して、彼を驚かせたのは、看護人を病人自身が連れて行かなければならず、点滴なども看護婦ではなく、自分たちでやる方式だったこと。日本でも、昔、入院患者に付き添いが必要で、付き添い者が病院の近所に宿をとったりもしていたものだ。

そんな中国の現代病院事情を聞いていると、米国や中国らがG２と称してみても、こと、「健康保険制度」に関しては、日本のほうが断然、進んでいると感じた。

そういえば、一九七五年の九月、東北（旧満州）のハルビン市で、風邪の治療のため大病院に行き、注射と薬で二十四元と言われた話は、先に書いた。庶民の月給が百元の頃で、大臣級の国家指導者となっても、正式給料が四百元と言われ、「裸足の医者」が活躍していた当時と、「医療体制の基本」は、まったく変わっていないのかもしれない。

ところで、その泉州市は、マルコ・ポーロの『東方見聞録』にも登場する古い町である。海外貿易で栄えた。今は運河もほとんどなく、その面影もない。しかし、イスラム教の清浄寺や関帝廟などと、見所も多い。

対になって建つ五重の塔がある有名な開元寺には、観光客が多く、数珠などの仏具を売っていた。「観音教」と「般若心経」のテープを買う。次にイスラム教の清真寺にも向かう。私たちのほか、参拝客はいなかった。隣りの関帝廟のほうは、客でごった返していた。

参拝客向けの商店街の食堂で、刀削麺を食べる。スープにトマトが入っている。さっぱりしていておいしかった。しかも四元である。好きな台北の刀削麺店（四平街近く）のトマト牛肉麺の味を思い出した。

歩き疲れたら、上島珈琲店を薦める。「うちの支店ではありません」と、日本のUCC広報担当者はいう。でも、パフェ類が充実していて、日本のパーラーみたいな店であった。

その泉州の商店街を歩いていて、音楽店を見つけた。「何かお薦めのCDはないか」と身振り手振りで求めたところ、朱明英の「名人名歌」というCDを勧められた。「旅愁」も収録されており、いまでも聴いている。

お隣りの厦門（アモイ）では、船で十分ほどの鼓浪嶼（コロモス）島に行った。料金は一階の立ち席が往復で三元（約四十五円となる）。二階の椅子席は、プラス片道一元かかる。

「ユー・ガイド・オッケー？」

船着場で、白のTシャツにジーパン、首からB６判ほどのIDカードをぶらさげた若い女性に話しかけられた。林さんといい、市政府公認のガイドさんだった。ガイド料は二十元である。カタコトの英語と筆談で、英国や日本などの領事館跡などを案内してもらう。

島の住民は、一万六千人ほどだという。ピアノの音が聞こえ、子供たちの遊ぶ姿も見られる。観光客用の電動カートしか認められておらず、散歩にぴったりの島だった。

厦門の対岸は、中華民国（台湾）の金門、馬祖である。

フェリーが通っていると聞いていたので、乗り場に行った。「外国人は行けません」と言われる。あくまでも大陸中国と台湾との内国民の乗り物という考えなのである。

いま、金門・馬祖へのフェリーに、外国人も乗れるようになったのであろうか。

NYとSFでは中国人に

久方ぶりに、米本土に足を伸ばし、ニューヨーク（NY）と、西海岸のサンフランシスコ（SF）

に行ってきた。ＮＹで、地下鉄を乗り回してみたが、何ら問題はなく、きわめて便利であった。夜も、明るいところを歩いたためもあろうが、危険も感じなかった。これは、マニラの夜だって、マカオの夜だって、はたまた新宿の夜だって、同じことではないか。

当方はいままで、海外で物取りや強盗にあったことは一度もない。家人に言わせると、「どこの国の人間か判らないからよ」だって……。たしかに、ゴルフズボンにポロシャツ、サングラスをかけ、尻ポケットに皮の財布といった、これぞ日本のオジさんともいうべき格好をしたことは一度もない。

夏などは、短パンにサンダル履き。地元スーパーのビニール袋に、タオル地のハンケチと、ペットボトルを入れて持ち歩いている。いかにも、小銭しか持っていないという雰囲気をかもしているであろう。事実、現金の所持は二百ドル以下であり、持って（持てて？）いないのだ。行った季節が、春の終わり頃だった。短パンではなかったものの、地元のアジア系庶民といった風体だったため、観光客目当ての物売りも、一人も寄ってこなかった。

チャイナタウンを歩いてみる。外国人観光客が、団体で押し寄せていた。いや、違う。外国人は当方のほうで、観光客は米本土の白人（アングロサクソン？）の方々である。横浜中華街を訪れる、お上りさんご一行といったら、正しいか。歩道を一杯に広がりながら、陽気に喋りまくっていた。

エンパイア・ステート・ビルディング近くのコリアタウンにも出向く。ハングル文字のレストランや土産品店が散在しているものの、街の風景を壊すというほどではない。
「ＭＵＫＥＵＮＪＩ」というレストランに飛び込み、カルビ定食を頼んだ。例によって、キムチをはじめとする前菜が六種類出てくる。アミの塩辛もナマスもモヤシも、東京の、そこらの店よりもうまい。上カルビの肉もやわらかく肉汁もあって、ソウルの明洞で食べたよりも、味わい深かった。ワカメスープもあって、ご飯が進んだ。

結局、ＮＹで美味しいと思ったのは、86丁目のイタリアンレストランのパスタと、この「Ｍ」の韓国焼肉定食である。ステーキハウスは、肉が大きかったというほか、印象にない。

サンフランシスコへ飛ぶ。飛行時間は六時間半である。成田からヤンゴンに行ったみたいであり、国内に時差がある国なのも、納得する。

ＳＦは、初めてだった。行ってみたかったのは、ゴールデンブリッジや街並みと湾内の風景、それに海に面した大リーグ野球場である。

ケーブルカーにも乗りたかったのはもちろんだが、ほかにとっておきの行きたい場所がある。一九五一年九月八日に、米国ほか自由主義陣営の国々と「講和条約」に調印した。もう六十年以上経つ。そこで、その会場、オペラハウスにも行ってみた。吉田茂全権や宮沢喜一随行らが、「主権回復へ」どんな思いであったのか、しばし、感慨に浸る。

それと、サンフランシスコといえば、咸臨丸が到着した地だ。海を見下ろす丘に立つ記念碑にも詣でる。わずか六百トンほどの船で太平洋を渡ってきた、木村摂津守、勝海舟、福沢諭吉ら先人の労苦を偲ばれた。堀江謙一青年も、マーメイド号で、「太平洋ひとりぼっち」でやってきた港でもある。〝ああ、サンフランシスコ〟なのである。

西海岸最大のチャイナタウンも訪れた。飲茶を食べたくなる。

「ここらに飲茶レストランはないですか」

道行く人に尋ねてみる。

その「飲茶」が通じない。当方の語学力に、相当問題があるのだ。

そこで漢字で「飲茶」と書いて紙を見せたら、すぐに教えてくれた。

その店で、シューマイや餃子など、何点かをほおばり、いざ勘定となったら、中国語（たぶん福建語）で、値段を告げられる。完全に同胞と思われているようだった。

六月四日、天安門事件

六月四日となると、うずく感じとなる。虫歯デーだからといって、歯というわけではない。ハートが、である。第二次天安門事件の日だからである。

第一次は一九七六年四月五日である。

周恩来総理追悼の花輪が、天安門広場中央にある人民英雄記念碑に一斉に掲げられ、それをやめさせようとする当局と衝突する。

「事件そのものは血の弾圧で終わり、鄧小平を失脚させたが、そのとき天安門広場で示された百万市民の意志は、半年後に四人組を逮捕し、鄧小平復活をバックアップする強大なエネルギーとなった」（中邦仁著『天安門事件』文藝春秋社）。

皮肉なことに、一九八九年六月四日の第二次天安門事件では、その復活した鄧小平らの指示によって、大弾圧が行われた。自由と民主主義を求め、広場を埋め尽くしていた学生らに対し、人民解放軍が銃撃し、戦車も繰り出して徹底鎮圧が図られたのである。

天安門前広場が、いわば屠場となり、大量の血が流されたのだ。政府側の発表でも三百数十名、一説によれば、その十倍以上の犠牲者が出した、と言われている。

それから二十五年。香港をはじめ世界各地で、追悼と中国政府への抗議集会が開かれた。日本でも、六月四日（二〇一四年）午後六時から、評論家の宮崎正弘氏らの呼びかけによる「天安門事件二十五周年東京集会」を開催される。会場は東京市ヶ谷のアルカディア市ヶ谷三階ホール。三、四百名はいたか。当方も、もちろん出席した。

集会の趣旨は、以下の通り。

「中国共産党は一切の批判を許容せず、ノーベル平和賞の劉暁波ら民主活動家を拘束したまま、また『中国之春』を結成し、『自由・民主・人権・法治』を訴えた王炳章博士を無法な裁判にかけて無期懲役を言い渡し、全世界で澎湃とあがった、これら自由、民主、人権、法治を要求する知識人の釈放要求に耳を貸そうとしない」

そう批判している。

まず評論家の石平さんが「私は天安門事件で中国を捨てた」と題する基調講演を行った。実は当方、いまから八、九年ぐらい前であったか、講演会の二次会において、石先生に訊ねたことがある。

「民主建国会や中国国民党革命委員会など、いわゆる〝民主諸党派〟をですね、中国共産党支配のくびきを解き放って、名実ともの民主党派にして、自由選挙をやれるようになったらよいですね」と私。

「そうですね、胡錦濤政権が誕生したとき、民主化がほんの少しでも前進するかと、ちょっとは期待したんですがね、江沢民派が幅をきかせていまして……」

そのときの答えてくれた表情が、淋しそうに感じられた。

しかし、四日の石平さんの講演は力強かった。

チベットのペマ・ギャルポ、南蒙古のオルホルド・ダイチン、台湾の王明理の各氏らの発言が続く。

「いま台湾は、中国共産党の圧迫を受けている。自立自尊のため太陽花（ひまわり）学生運動が起こり、立法院を占拠して、『両岸サービス貿易協定反対』を叫んだ。台湾にやってきた国民党は、一九四七年に台湾住民を大虐殺した（二・二八事件）。いままた、その国民党・馬英九政権は大陸中国に擦り寄っている。われわれ台湾国は、国際社会において、中共の妨害があって国家として承認されていない。台湾国民は声を上げ続けていかなければならない」

以上の王氏の発言には感銘を受けた。

それはさておき、天安門事件を検証すると、共産党の悪行の数々が、白日の下にさらされる。嘘と暴力で固めた支配体制を揺るぎかねないのだ。

中国の有名大学教授に「中国に〝民主化の春〟はいつ来るのですか」と訊いたことがある。彼は「わが国は一つの王朝が倒れるとき、二百年ぐらいは混乱するんです」と言われ、ほほ笑まれたことを思い出す。

アヘン戦争が一八四〇年だった。次の大変動のとき、中国一つの国でとどまっているのか。八軍区ごとにでも、分割建国となるのか。何よりも混乱が起こるのか。そして日本への影響は……。考えてみても、答えは簡単ではない。

それらはさておき、「天安門事件四半世紀」を報じた日本のマスコミの扱いは小さかった。

日本人観光客が激減

九月末（二〇一四年）、大学院の師弟六人、国際情報学会中国研究会メンバーで、北京・西安に行ってきた。

中国へは一九七五年、文革末期に初めて訪れている。以来、十数回は訪中しており、馴染みのある国であった筈。ところが、想い起こしてみると、新旧両都を訪ねるのは、久方ぶりだった。そのためもあってか、驚かされることばかりで、その一端をご披露する。

北京空港に降り立つ。ワゴン車で走り出して、すぐ異常（常態？）に気がついた。

曇り空というより、どんより薄暗い。昭和三十年代のわが故郷、冬の札幌ほど、煤煙が飛んではこなかったものの、明らかに空気が濁っている。気持ちに、健康に、相当悪い。

「いまは、秋ですよね」

「冬が思いやられるよな」

「暖房は石炭だしね……」

「自動車は、昔よりだいぶ質がよくなってきているんですがねぇ」

排気ガス問題より暖房、火力発電所や工場の粉煙が問題ではないか、日本の環境技術を導入すべきだ、などと会話が弾む。わが団の一同、にわか環境問題評論家になったみたい。梅原龍三郎が描いた、抜けるような「北京秋天」や、当方が三十九年前に経験した青空は、もはやのぞむべくもないのだ。

北京で、ほかに驚かされたのは万里の長城・八達嶺である。すっかりトイレがきれいになっていた。

また、天安門広場に入ろうと思っても、柵があって荷物検査をされた。特別なことなのか、日常となっているのか……。ウイグル族による〝突入事件〟があったためであろうか、警戒がきわめて厳重だった。

西安に行っても、兵馬俑や華清池が、依然に比べて観光地化が進んでいた。二〇〇八年の北京オリンピック前に、展示方法も整備され、トイレや売店も近代化させて、一大テーマパーク化が成っていたのである。

西安で全日、行動日程が未定の日があった。さて、どうするか。碑林博物館、大雁塔、漢の武帝稜、あるいは市場見学なども考えられた。でも、われら国際情報学会中国部会の研修旅行らしく楊虎城記念館、張学良公館、西安八路軍弁事処などを見て回ることにした。いずれも、中国の現代史の分岐点「西安事件」の重要舞台である。

ご存知の通り、西安事件は張学良、楊虎城両将軍の将兵によって、蒋介石国民党委員長が軟禁され、「国共内戦の停止と挙国抗日へ」と、国民党軍の方針転換がなされて行くのである。それで、壊滅寸前であった共産党の延安政府が息を吹き返す。

その弁事処の展示室で、ガイド氏が「田中上奏によって、日本軍による中国の制覇、世界征服が決定された」と述べる。

すかさず、荘光茂樹先生から「田中上奏文なんて、〝偽書〟だよ。上奏した事実もないし……」と反論が飛ぶ。「日中の歴史学者の間でも、〝なかった〟と決着済みなんだよ」と近藤大博先生から指摘されても、彼は納得しなかった。

西安は北京同様、車の洪水である。高層ビルも林立していた。回族マーケットも健在であり、日本のソーメンのような製法で作られたラーメンの煮込み、クセの少ない骨付き羊肉、キクラゲ、キノコ、冬瓜、大根などによる寄せ鍋など、いずれも美味だった。

ただし、名物の西安餃子は、今回も（当方は三回目）いろどりはきれいなものの、美味しいとは思えなかった。東北地方（旧満洲）の水餃子のほうが、肉厚な皮に弾力もあり、小麦の香りも立っていて美味である。

件のガイド氏は嘆く。

「最盛時に年間三十万人来ていた日本人観光客が、いまでは三千人まで減ってしまったんですよ」

もし、それが事実だとすれば（中国の統計はよく間違うが）本当に深刻だ。

土産物屋が何軒も潰れたという。地元の旅行社の経営も相当たいへんらしい。そういえば、ホテルの朝食も、キムチはあったけれどもタクアンは置かれていなかった。

マカオで屋台コーヒー

時間ができたら、すぐ行きたくなる都市がある。一番は台北だが、それは別格として、ほかにマカオをあげたい。

マカオは、ご存知の通り、一九九九年までポルトガルに支配されていて、中国に復帰したのちも、香港同様、中国の特別行政区である。

行き方は簡単だ。香港から一時間ほど、高速フェリーに乗ればよい。最近では、成田からマカオへの直行便も飛ぶようになった。東京世田谷区の二分の一の広さで、人口は約五十五万である。ほどほどの都会であるといったところが、またよい。一部をのぞいて人通りも多くはなく、香港ほどうるさくはないので、歩きやすい。

気にいっている宿は、皇都飯店（ロイヤルホテル）だ。バスコダ・ガマ公園の側に位置していて、モンテ砦やギア灯台も近い。市内に三十一ある世界遺産に行くのにも、便利である。

要塞から、映画のハリボテセットのごとく片面だけ残る聖ポール天主堂跡を表敬して、セオドナ広場に繰り出す。ポルトガルから運んだ石が敷き詰められており、マカオが「欧州と中国が背中合わせの都市」と言われる所以も、理解できるだろう。

通りを渡ると、マカオ市政庁舎である。重厚な建物の階段を上がり、中庭に至る。石造りのベンチがあって、坐っていると、街の喧騒も届かない。大きな教会や南欧風な洋館、世界遺産を見て歩くのもよいが、ベンチでただボケッとするのも、捨てがたい町なのである。

マカオには、庶民の市場はもちろんのこと、骨董品店やお菓子の問屋などが多い通りもある。いかにも古き良き中国、といった感じが濃く残っている地区もあるのが嬉しい。さて、何を食べようか。

「やはり中華だよ」

　友は決めつける。

「いや、ポルトガルだよ」と答えた。

　正しくは、マカオ風ポルトガル料理がうまい。スパイスが独特のアフリカン・チキン、渡り蟹のカレー、イワシのグリルなどが定番だ。セオドア広場からほんの一本横道に入ったレストランで、いつも食す。観光客が多い店だけど、そこそこの味であり、値段も特に割高ということはない。

　でも、一番のお薦めは、低く紅い建物が連なる福隆新街（旧娼婦街）の中ほどにある福龍である。店の中は一見暗く、渋めの内装だ。地元のヨーロッパ系住民にも人気の店である。オックステールの赤ワイン煮、海老のから揚げニンニクライス添えなどを頼んだ。もちろんパンもつく。ポルトガル産のハウスワイン（赤）に肉、魚のいずれの料理も合っていて、箸ならぬフォークが進む。特に、赤ワイン煮は、ご飯の上にかけたら食が進みそうな懐かしい味であって、ハヤシライスを思い出した。

　腹がくちくなったら、中国茶で締めたらよい。政庁舎前の通りを海岸にむけて五分ほど下ると、右手に文化会館という名の高級そうな美術土産物店がある。美術品や高級茶葉があり、扱う商品は違うが、銀座の鳩居堂に似ていると思った。

　そこの三階が、仕切りがある個室風の中国茶喫茶店となっている。凍頂烏龍でも黄金桂でも鉄観音でも頼むと、美人店員が目の前で淹れてくれる。残った茶葉は、そのまま土産となる。

「とっておきがあるんだけどなぁ」

「えっ、何？」。友も興味津津だ。

「屋台の喫茶店さ」

セオドナ広場から海側の路地を下って行くと、天幕を張ったコーヒー店があるのだ。路地で卓を囲む老人たちや、外商のサラリーマンたちが客。馴染みだけの店で、観光客などは、まずいない。好きな豆を注文すると、ゆっくり挽き始める。ホーローびきのポットで沸かしたお湯を注ぐと、香りが路地裏いっぱいに広がる。一口すればホッとする。何の変哲もないのだが、また、飲みに行きたい。

先般、ポルトガルに行ってきた。マカオでも人気があったエッグタルトの元祖店はあったものの、屋台コーヒー店は見かけなかった。

映画『北朝鮮収容所に生まれて』

マルク・ヴィーゼ監督『北朝鮮収容所に生まれて』は、衝撃的な作品だ。

北朝鮮の政治犯収容所、十四号管理所で生まれ育ち、脱北に成功した青年のドキュメンタリーだ。主人公の名前は申東赫（シン・ドンヒョク）。

両親とも政治犯である。収容者の模範囚同士が結婚する「表彰結婚」で、家庭が作られて、同管理所で生まれた。一九八二年十一月のことである。収容所というと、刑務所のような建物を想像しがちだが、北のそれは、完全な〝統制地域〟である。五百キロの広さに約四万人。炭鉱、セメント工場、セラミックやゴムの加工場、縫製工場や牧場も有しているという。
「私たちは収容所の規則に従って生き、そして死ぬだけでした。そこは外部の人々から〝完全統制区域〟と呼ばれる場所でした。外のことは何も知りませんでした。知っていたのは、私たちの両親や先祖に罪があるということ、そしてその償いのために重労働しなくてはならないということでした。時々、新しい人が入所してきましたが、罪が赦されて出所する人は見たことがありません。飢えと暴力を恐れて逃げ出そうとする人々もいましたが、彼らは公開処刑され、残された私たちの憎悪の対象になりました」（同映画パンフレットより）と申青年は語っている。

本映画の基本は、その申氏へのインタビューであり、それを補う形で収容所生活の再現映像シーンがはさまれている。といっても、いま流行りの俳優によるドラマ仕立てではない。アニメを使っている。実写ではないのだが、不気味な感じがよく出ていて効果的だ。

加えて、収容所で働いていて、後に脱北した二人の人物が登場する。クオン・ヒョクとオ・ヨンナムである。

ヒョク氏は「警備員を指揮していたり、収容者たちへの虐待、拷問、殺人を行っていた。

収容者たちは祖国の敵と映っており、動物のように殺しても平気だった」（同パンフ）という。

ヨンナム氏は「秘密警察で働いていて、数百人を逮捕し、収容所に送り、尋問と拷問を行っており、かつて拷問した人々が自分を捜しにくる」（同パンフ）不安を抱いているそうだ。

つまり、いわば被害者と加害者が登場していて、映画に深みをもたらしているのである。

申青年は、兄がセメント工場から逃げ帰り、母がその兄に貴重な食料を使ってごちそうするのに腹を立てて、「逃亡」を当局に密告する。それが原因で、母と兄が公開処刑をされた過去を持つ。その話が出てきても、評者は驚くほど冷静に見ておられた。

ソ連でも中国でもベトナムでも、子が親を告発したり、兄弟が他の兄弟を密告する話は、たくさん存在する。なぜなら、それは〝金王朝〟の専売特許ではなく、共産主義体制の宿痾であるからである。

北朝鮮の実態を知るには、先に紹介した（二〇一〇年日本公開）韓国映画『クロッシング』（キム・テギョン監督）や、ポーランドのアンジェイ・フィディック監督による記録映画『金日成のパレード』（一九九一年公開）もお薦めする。さらに見逃せないのは、ドキュメンタリー『北朝鮮・素顔の人々』（稲川和男・朴柄陽監督）であろう。

北朝鮮で隠し撮りされた実写である。〝コッチョビ〟呼ばれると浮浪児が、チョンマダン（市場）において残飯を漁る姿や、人身売買の容疑で、形式的な人民裁判を行い、公開処刑するシーンもある。しかし、それを見る北の人々は慣れっこになっているのか、あまり反応がない。
母ちゃんだって　腹減ってたろうに　食べものを俺らにくれた
すごく寒い日　自分が着ていたボロで　俺らにくるんでくれた
母ちゃんは　自分の夢も希望も　みんな俺らにくれた
と〝ゴッチョビ〟の一人が、自作の歌を切々と歌う。
そのシーンは、不覚にも、涙が出てきて困った。大の男にも、ハンカチが必要な映画である。

スリッパで帰国

オッチョコチョイというのか、粗忽というのか、筆者には、軽い人間性そのままの失敗談が多い。

写真家の郡山貴三君と、好きな台湾旅行をして、成田に降り立った。ロビーを歩いていると、彼が「アッ」と声をあげて、当方の足元を指差す。

いやぁ、驚きましたね、スリッパ履きなのである。確かに台湾には、靴を履かず、サンダル履きで出かけた。帰る日の朝、行きつけのマッサージ店に行った。サンダルを室内履きに替えたことまでは、覚えている。店内には、Jポップがかかっていた。

「このごろの日本の男の子といったら、女の子の奴隷みたいですよね。荷物を持ってやったり、ご機嫌とりばかりしている」

「荷物を持ってやったって、いいんじゃない」

「いやぁ、ハンドバッグだって、持ってやるんですよ」

「それは行きすぎかもね」

「そうでしょ」

店主との、そんな日本語でのたわいもない会話を楽しんだためであろう、履物を間違えたまま、日本に帰ってきてしまったのだ。もう、しかたがありません。空港から自宅まで、スリッパで通した。

話しは替わる。

一度、通勤乗り換えの池袋駅で驚いたこともある。

右の足が黒、左の足が茶色の靴を履いていたのだ。そのまま出社し、帰りは革靴を紙袋に入れて、職場にあったサンダルで帰った。

「サンダルで行ったの」と愚妻。

「靴が違っていたから」と私。

家人は、少々のことでは驚かない。シャツや下穿きを裏返しで着ていることも、しょっちゅうあるからである。

ある日、夜、パジャマに着替えようとしたら、愚妻から「あなた、股引、裏返しではいていたのね」と指摘された。すかさず「彼女の部屋で、脱いだからね」と答えた。「また、見栄、はって」。そう軽くいなされてしまった。

下着といえば、珍しく当方がパンツを買った。もちろん女性がはくズボンではない。ブリーフとかトランクス、いや猿股、西洋褌の類である。着用して仕事に出かけ、小用に立つ。だが、開いているべきところが開いていない。これには参った。

その話を友にしたら、「捨てずに残しておけよ。オムツをあてるようになったら使うからさ」だって。冗談じゃないよ。

またまた、替わる。

先日、従兄弟の葬儀があった。朝、急遽、妻に礼服を出してもらう。着込んでみると、ズボンの丈が、ちょっと長く感じる。

「歳をとって、背が縮んできたのかなぁ」と呟いていた。

「礼服はね、靴を履いてから、格好がとれてくるものですよ」となぐさめられた。

そういうものか――。得心なきまま葬儀を終えた。

何気なくポケットに手をつっこんだら、結婚式の「着席札」が出てきた。そこには、当時同居していた次男の名前が、記されている。彼は、当方より四センチ背が高い。つまり……。

帰宅し、早速クレームをつけると、

「出したほうも悪いですけどね、着てみて〝違う〟と思わなかったのかしら…。本当に、着る物に無頓着ねぇ」。的確なご意見に、とっさの反論ができません。無念！

これは聞いた話。ある奥さんが、ご主人に「礼服を出して」と言われ、急ぎタンスから包みを取り出し手渡した。彼は新幹線に飛び乗り、故郷で、それをほどく。すると、奥さんの礼服が出てきたそうな。

それに比べると、わが家の粗忽は、まだましということか。〝万事休す〟である。

バナナの古里と床屋

中華民国台湾省（高雄県岡山）の「バナナ集荷所」を訪れた。

オバさんがバイクにバナナを積んでやってくる。秤にかけて殺菌剤の入った水槽につけ、ベルトコンベアに乗せて、ダンボールに積み込んで行く。

そこには「外銷合格品」の文字。台灣省青果運銷合作社「ＴＡＩＷＡＮ　ＢＡＮＡＮＡＳ」とも書かれている。文字通り、輸出用の一級品である。

「五月から七月が最盛期なんだけどね、一番おいしいのは、冬のバナナだね」

集荷所のオジさんは、「これ食べな」とバナナをひと房くれた。裏庭の木から、採ったばかりのヤシの実ジュースもふるまわれる。そこの集荷所は、大事な仕事場のはずだが、おじいちゃんにおばあちゃん、それにお孫さんと、現役でもない人たちも、ただたむろしている。辞して、道路沿いの中華レストランに入った。魚が並んでいて、調理法を指示しながら注文をする方式。ナマコの醤油煮やタケノコの炒め物などを食べる。味は、可もなく不可もなくといったところか。

中央には大きなカラオケ装置があり、地元のオバさんが、日本語で『浪花節だよ、人生は』を歌ってくれる。儀礼上、「返歌を」と思い、『青い山脈』を歌ってみた。シーン。反応は、いまひとつである。テレサ・テンでも、歌えば良かったのかなぁ。いや、どんな歌を歌っても、当方の歌唱力では駄目、ということか。

高雄に帰って、マッサージ屋に行く。揉んだ箇所に、順番にビニール袋に入れた蒸しタオルをあてていく方式で、これがフワーッとあたたかく、気持がいい。ついウトウトしてしまいました。

夜は、高雄名物の六合二路のナイトマーケットに出かける。稲荷寿司の屋台もあった。日本のツアー客が、旗を立てて団体で歩きまわり、大きな声で「ここここ」「あれあれ」「みてみて」と騒ぎたて、何も買わず、何も食べず、疾風のように去って行った。

台北に戻って、理容店に入った。ドアを開けると「いらっしゃい」と日本語で迎えられる。店内にかかっていたのは、美空ひばりの『川の流れのように』であった。

「やはりタイペイ（台北）は暑いねぇ」

「そうですけどね、お客さんは、日本人でしょ」

「そうだけど…」

「じゃ、正しい日本語で使って下さい。タイホクと」

ご主人は、七十過ぎの日本語世代ではなく、五十代ぐらいの壮年である。

「日本語、うまいねぇ。どこで覚えたの？」

「学校では習っていません。もっぱら、ひばりちゃんの歌ですね」

好きなひばり嬢の曲を、一日に何度も何度も、繰り返し聴いているうちに、自然に覚えたというのだ。

「だいたい日本の政治家はおかしいよね。何かあると、すぐ大陸に謝る。靖国神社に行ったからと怒られたって、ほって置けばよいいんで、『内政干渉だ』と言い返せばいい」

「まったく、その通りだね」

そう賛意を示したら「ところで、お客さん、あの角のRホテルに泊まっているの」と訊かれる。

「えぇ」

「いまでも客引きがある？　昔、日本男性が活躍したホテルですよ」

にやりと笑った。昔というのは、何時ごろを指すのか。Rを利用し始めて、二十数年になるけれど、そんな気配を感じたことは一度もない。

――そう想いをめぐらせながら、ふと待てよ、と思い直した。前の晩、九時過ぎのことである。ドアをノックする人がいた。チェーンをかけたまま開けると、化粧が濃いめの若い女性が立っていた。ミニスカート姿である。

「ワタシ、トモダチ、イル?」

友達が来ている訳はないじゃないか。「いないよ」と返事した。本当は「私、(あなたの)友達になる。いらないか」ではなかったのか。だから、「いらないよ」と断るべきだったのだ。それにしても、男一人の部屋であることをよく分かったものだ。手引きする従業員がいたのであろうか。

台湾埔里でロングステイも

台湾の埔里(プーリー)に行ってきた。台北から新幹線に乗って五十分、台中駅で降り、バスに乗り換えて内陸部に四十分。人口八万七千の地方都市である。バス停留所には、南投縣埔里鎮公所の鄭敏紅さんが、迎えに出てくれた。県の日本語広報担当である。挨拶もそこそこに「あたたかいですね」と感想を述べた。真冬でも、二十度を越えている。

「えぇ、真夏は盆地ですからちょっと暑いですが、年中過ごしやすい気候ですよ」と鄭さんはいう。常春の地なのだ。軽自動車に乗せてもらい、町の中心部のマンションに連れて行かれた。五階の西澤和雄さん宅を訪ねる。

「やぁ、いらっしゃい」

蘭子夫人と共に、明るく迎えてくれた。七十九歳（当時）と言われるが、若々しい。三ベッドルームに一リビングダイニング、キッチン、バス、シャワールーム、トイレ付、三十坪の部屋が月一万五千元（約五万円）である。家具、テレビ、冷蔵庫、食器など付いているから、トランク一つでやってきて、すぐに生活が始められる。

「ここが気にいってね、二回目なんです」

西澤さんご自身は、大手電機会社勤めの頃、世界各国を歩いたそうだ。

「いま人気のマレーシアも、物価が安くていいんですけどね、ちょっと暑い。それに中国系は多いものの、基本はイスラム文化圏ですからね……」

ロングステイというのは、ロングステイ財団の定義によれば、二週間以上三ヶ月以内の海外暮らしであり、暮らし先で仕事を持たない人を指す。

海外勤務体験者から、そのブームが始まった。ハワイ、カナダ、オーストラリアなどが人気地であったが、最近ではマレーシア、タイ、フィリピンなど、アジア各国の人気が高まっている。東南アジアは、何よりも近くて安いのがよい。ただし、文化的に地元に溶け込めず、日本人同士の派閥争いが起こっていたりもしている。

だから「ここには、キャメロンハイランドやチェンマイなど、ほかの土地からロングステイ先を替えてきた人もいます。台湾ですからね、日本語を理解してくれる人たちもたくさんいるし、いよいよとなれば、漢字による筆談という手もありますよ」（西澤和雄氏）。

ロングステイは、前市長の馬文君・立法委員（当時）が、市の重点政策として取り組んだ。日本語ボランティアも組織されていて、困ったことのサポートしてくれる。何よりも親日的な人が多いのがありがたい。馬議員の事務所にお訪ねする。少し待っていると、細身で黒髪をなびかせ、黒の皮ジャン姿で、ご当人がさっそうとあらわれた。四十代前半であろうか。美人である。脂ぎった男性政治家でないだけにちょっとあわてた。いや、嬉しい。

「日本が大好きなんです。温暖な当地にいろいろな方に来ていただきたくて、ロングステイを推進しています」

ロングステイを考える上で大切なことは、そこに行って、何をして過ごすかである。埔里の場合、市場に行くと、地元でとれる有機野菜や果物、肉、魚も豊富にそろっている。料理の腕はふるいやすい。しかも地方都市の割には、レストランも充実している。

さらに、蝶の里でもある。また、近くには廬山温泉があり、ゴルフ場が三つもあった。淡水湖の日月譚や九族文化村といった観光名所も近い。

何よりも台湾のヘソと呼ばれるほどの地であるので、台湾各地を旅行して歩くのに都合がよい。西澤さんご夫妻も、「来週、高雄に行ってきます」と言っていた。

韓国の現代史がわかる映画

去る六月二十二日（二〇一五年）は、昭和四十（一九六五）年に「日韓基本条約」（日本国と大韓民国との間の基本関係に関する条約）が結ばれて、ちょうど五十年目にあたる。

安倍晋三首相が在東京の韓国大使館、朴槿恵大統領が在ソウルの日本大使館を訪れて、節目の日を祝ったのは、両国関係が近年、いかに冷えていたとしても、当然のことと言えよう。

日韓条約は、一九五一年にはじめに両国が公式接触し、翌五二年から長い交渉の末、やっと締結した経緯がある。

日本国内でも日本社会党、共産党などが強く反対していた。日本のいわゆる左翼陣営は、北朝鮮との親和性が濃く、世界では常識だった、「朝鮮戦争は北側からの侵略」も認めない人も多かったのである。日韓条約には、自民党とともに、民社党も審議に協力して、批准されている。韓国側は、朴正熙大統領（現大統領の実父）の英断で結ばれたものだ。

そんなことを思い出しながら、韓国映画ユン・ジェキン監督の『国際市場（いちば）で逢いましょう』を観た。

最初のシーンは一九五〇年十二月、いまは北朝鮮領となっている興南波止場から始める。

「中国軍が来た」

避難民が逃げ惑う。埠頭では、米軍が撤収態勢に入っていた。民衆が雲霞のごとく、逃げ寄せてきている。

「乗せてほしい」

そう詰め寄る。だけど、米軍司令官は、首を振らない。しかし、最後に司令官は決断。

「乗せている物資を降ろせ。人を乗せろ」

ワッと人々が乗り込む。主人公の長男ドウス少年が、妹の手を離してしまった。娘を探しに下船する父は「ドウス、よく聞くんだ。今から、お前が家長だ。家族を守ってくれ」と命じる。父や妹とは離れ離れになったドウスらは、釜山・国際通りの父の妹の家に身を寄せた。

観ていて、在外邦人のことを考えた。ソウル、北京、台北、バンコクなどで、日本人が脱出しなければならなくなったとき、どうするのか。数万人の規模である。政府専用機だけで、救出できるものではない。艦船を派遣するとしても、日本は病院船を持っていない。

救出に向かった自衛官の武器使用についても、正当防衛に限る。暴徒への威嚇も制圧も認められていない。どれもこれも自衛隊は国際基準ではなくて日本流なのである。何せ救出訓練も、ほとんど行われてきていない。

海外で、これまで日本人は、各国の軍隊によって助けられてきた。出動した自衛隊は、ほかの国の人たちに「乗せてほしい」とも言われるであろう。救出するのか、見捨てるのか。武装暴徒、もしくは敵軍が迫ってきたら、発砲してでも、蹴散らすことができるのか。

また、他の国の軍隊と協力して、軍事行動を展開、たとえば日本人を乗せた米軍艦船を護衛したら、それは「集団的自衛権の行使」にあたるのか。「憲法違反」と言うのか。

二〇一五年四月、南越・サイゴンの陥落四十周年にあたった。その際、大使館や港・空港などに押し寄せてきた民衆を、救助する者と、それ以外に分けようとしていた米軍を思い出す。

また、カンボジアのプノンペンも同年の四月十七日に陥落した。そのとき、西側陣営の人々はフランス大使館に逃げ込み、保護してもらった。同じような事態の場合、日本の在外公館に、その準備と覚悟はあるのか。

映画の話に戻る。ドウスは母や弟妹、家族のために懸命に働いた。西ドイツの炭鉱労働者になったり、技術者として韓国軍とともにベトナム戦争にも行ったり、釜山の店でも稼いだ。また、離散家族にとって、嬉しい再会もあった。

〝家族愛〟を謳い上げた映画となっている。韓国国内では、一千四百十万人以上が観たそうな。

訪中すればスパイの疑い？

昔も昔、おおかた半生記前の話である。警視庁の公安担当氏と、池袋の喫茶店「ネスパ」で、二時間ほど話し込んだことがある。前日、下宿先に電話があったのだ。

「同じC大学出身の警察官で、Kと言います。学生運動のことについて、少し教えてもらえませんか」

当時は七〇安保の前である。流行りもののように、全共闘運動が荒れ狂っていた時代だ。と言っても、当方が参画していたのは、日本民主社会主義学生同盟（民社学同）である。名前だけきくと、「すわ、過激派？」と身構える方もおられるかもしれない。

しかし、民社党系で、デモにしても、プラカードを持って行進するだけの穏健派であった。

それを、なぜ、警察が？

インテリ風のKさんがあらわれた。年齢は四十代に入っていただろうか。

「民社学同のデモに、ヘルメットが出てきましたね。過激派と同じように、ゲバ棒を持つようになって行くのでしょうか」

「それはないですよ。私たちは、革命なんて反対です。『暴力と破壊の学生運動から、改革と創造の学生運動を』スローガンにして、結成した団体ですよ」

「そうでしたね。それではなぜ？」

「防衛のためですよ。過激派から身を守るためでして、五個ぐらいかな、そろえたのは……」

そう説明する。

「実はですね、社会党系の日本社会主義青年同盟（社青同）が、過激化して行ったでしょ。民社党系も、そうなるのか、と思ったもので」

たしかに、社青同から解放派が生まれて、当時、三派全学連の主要メンバーだった。

「民社学同は、彼らと思想も性格もまるで違う。治安維持のための警察や国を守る軍事力は大切だ、と考えている組織ですよ」と答えた。

判ってくれたかどうか。

最後に「これ、少なくて恥ずかしいけれども、カンパです」と封筒を渡される。

「困ります。お断りします」

「いえ、ほんの気持ちですよ。三千円しか入っていませんし……」

「金額の問題ではありません。いただくわけにはいかないので」

押し問答があった。結局、受け取り「民社学同のことを知りたいのなら、機関誌『民社学同新聞』（後に『自由と社会主義』と改題）を読んで下さい」と言って別れた。

後日、経緯を民社学同の役員会に報告する。そして、受け取ったお金は、機関紙の購読費にあてることにした。毎月、新聞が届くようになり、しかも領収書が送られてきた、とK氏は驚いた、と聞く。三千円だが、当時、大卒初任給が三万円ぐらいではなかったか。つまり、今で言うと、万札、二、三枚程度の使い勝手があったはず。ちなみに、当方の下宿（四畳半）は、月四千円であった。

話は替わる。

一九七五年に中国、一九七七年にベトナムに訪れた。いずれも二、三週間の団体旅行だが、まだ共産主義国に行っている人が少ない時代の話である。

帰国後、明らかに公安機関と関係が深いと思われる研究会から「少人数なのですが、ご講演していただけませんか。質疑の時間もありますが」と頼まれた。断る理由もない。

行ってみると、聞き手は三、四人であった。拍子抜けしたが、質問は鋭かった。一、二万円、講演料をもらったと記憶する。こんなことがあったので、果たして、現在、中国を訪問したとするなら、「スパイの疑いがある」と逮捕されるのかな？

東南アジアでの療養生活の検討も

ミャンマーに、年とった両親を呼び寄せた知人がいる。

実は東南アジア各国ではいま、急速に医療技術が進歩してきており、それにともない病院などの医療施設も充実してきている。特にタイは、〝メディカル立国〟を目指している。

たとえば、バンコクの某総合病院である。副院長は東大医学部を出ていて、完璧な日本語を話す。受付がタイ語のほか英語、日本語、アラビア語でも対応してくれている。そこで、まず日本語がわかる医者に診てもらう。

何の病気であり、どの科で診てもらったらよいのか、予備診断がされる。そして、日本語通訳をともなって専門医師のところに行き、本格的に診てもらうのである。

病室の中には、リビングルームとミニキッチン、それに寝室といった、いわばデラックスホテルタイプの部屋もある。もちろんリーズナブルな相部屋もあり、食事も日本食の出前を取り寄せることができる。

第二の都市チェンマイにも、近代的な病院ができている。

川崎の大学病院と、大画面で患部を映し出し、双方の医師がやりとりをして、治療にあたっていた。

同病院に入院していた日本人患者氏によれば「医療技術が高いのはもちろんですけれど、こちらの看護士さんたちは、夜中でもボタンを押せばすぐ飛んで来て対応してくれますし、スタッフの方も多いですから安心です」とホスピタリテイを評価していた。余談ながら、本棚があり、日本語図書もそろっている。退院した患者が置いていったそうだ。


話は替わる。

大森一樹監督の『ベトナムの風に吹かれて』を見た。

主演は、主人公・佐生みさお役の松坂慶子さん。六年ぶりの映画出演とのこと。新潟に住んでいた母シズエ（草村礼子）をハノイに迎え、介護する話である。

母は、夫の死もわからないほどの認知症になっていた。後妻であるため、他の兄弟の厄介者になっている。みさおは、日本語教師として生活しているハノイに、母親を連れて帰る決意をする。兄夫婦に「そんな外国に、老人を連れて行くなんて無謀だ」と反対される。

シズエは早速、ハノイで迷子になった。町の人々が協力して探し出してくれる。彼女は、日ながお茶を飲んだり、ベトナム将棋を指していたり、ダベッていたりする庶民が暮らす街になじんで行く。

ところが、シクロ（自転車タクシー）に乗っていて交通事故に遭い、認知症が悪化。夜昼となく「便所に行きたい」と訴えるようになる。

だからと言って、お涙ちょうだいの映画では決してなかった。

第二次世界大戦後、ベトナムに残留し、ベトミンと一緒になって対仏独立戦争を戦い、現地に根付いた日本兵の話なども出てきて、日越の現代史もきちっと押さえている。

それはさておき、ベトナム、ミャンマー、タイなどのＡＳＥＡＮ各国（特に仏教国）で病気治療、療養するのもありだな、と思ってきた。若いと思っていた当方も、〝終活〟を考える年に入りつつあるのだ。

タイでは、アラブや新興各国の政府高官や富豪の医療を受け入れて、成功しているとも聞いたからでもあるが……。

第Ⅳ部

本音でミャンマー

ー歴史と気質、昨日今日明日ー

ミャンマーかビルマか

二〇一五年十一月八日、ミャンマーで総選挙が行われた。

軍政の後継政党であり、与党でもあったUSDP（連邦団結党）は敗れ、アウンサンスーチー党首が率いる野党NLD（国民民主連盟）が大躍進を果たした。選挙結果が判明後、USDP政権も、国軍も、「選挙結果を尊重する。政権交代を妨害しない」と表明した。NLD主導の新政権へ、明らかに政権交代となるのだ。

正直に言うと、当方は「NLDは躍進する。ただし、単独過半数まで達しない」と予測していた。憲法の規定上、全議席の四分の一が軍からの選出である。その別枠を考慮すると、NLDが三分の二以上の大勝をしなければ、過半数に達しない。そのハードルは高い、と分析していたのだ。

そこで「連立政権となるのではないか。第三勢力が鍵である」と講演でも語ってきた。それが、見事に外れた。

テインセイン政権は、政治や言論の自由化を進め、経済も発展させ、ミャンマーウオッチャーの間では、評価も高かった。

ところが、今回選挙となった四百九十一議席中、NLDが約八割の三百九十議席を占め、

ＵＳＤＰが四十二議席しか当選しなかった。しかし、一九九〇年総選挙においては、当時の軍政側の政党（ＮＮＰ）が十議席しか獲得できなかったことに比べれば、評価する人が増えたとも言える。

二〇一五年の選挙を取材した旧知のジャーナリスト氏によれば「ＵＳＤＰが街宣カーから流すのはミャンマー演歌で、ＮＬＤはヒップポップ。ＵＳＤＰの集会は昼で、参加者は動員組だけ。ＮＬＤは若者たちで、どこからこれだけ涌いてきたのかと言った感じでしたからね」とのこと。取材してみて〝勝負あった〟と感じたそうな。

結局、この選挙は、直近の五年の政権のありようや成果が問われたわけではなかった。一九六二年の軍事クーデターから続いた、半世紀余にわたる軍主導の政治全般に対して、審判が下されたのである。

その結果もあってか、ミャンマー（旧ビルマ）への関心が、日本国内においても、より高まっている。

「アジア最後のフロンティア」とマスコミの一部からも、もてはやされるようになってきている。テレビでのミャンマー紹介番組も多くなった。

事実、ミャンマーの最大都市ヤンゴン（旧ラングーン）を訪れてみると、ビル建設ラッシュに沸き、外国資本系のファストフード店も、あちこちで開店して、地元の客でにぎわっている。

ところで、いまから四、五年前、二〇一一年民政移管が始まって間もない頃、ミャンマー専門家の方々は、どう見ておられたのか。

根本敬上智大教授は「ビルマ新政府の『民主化』はどこまで本物か？　楽観が許されないアウンサンスーチーの政治参加」（『世界』二〇一二年一月号）と〝厳しく〟見ておられた。

それに対して同じ頃、宮本雄二元ミャンマー大使は「民主化への変化は本物、親日ミャンマーに積極関与を」（『Ｗｅｄｇｅ』同年三月号）と、〝明るく〟見ておられている。

〝厳しく〟が正しかったのか、それとも〝明るく〟でよかったのか。両原稿から五年近く経ったとはいえ、現時点で、確定することはできない。しかし、筆者は〝宮本説〟に与している。

その理由は、本稿の中でおいおい明らかにして行く。

まず国名である。

根本教授は「ビルマ」を使い、宮本元大使は「ミャンマー」と書く。どちらが正しいか。

結論から先に言えば、どちらも正しいのである。

一八八五年の第三次英緬戦争で、コンバウン王朝が敗れ、翌八六年に英国の植民地になって以来、「ビルマ」と呼ばれてきた。

しかし、一九八九年に同国政府は、「ミャンマー」を正式国名に採用している。

イギリスがミャンマーを攻め込んで行ったとき、ビルマ族に「ここは何と言うのか」と問うた。聞かれた男は、自分の部族のことを聞かれていると思い込み、「バーマ」と答えた。

それが、「ビルマ」国名の起源だとも、言われている。

ミャンマー政府は「もともとの国名はミャンマーだったのが、植民地時代に外国人がやってきて、Ｍｙａｎｍａｒを正しく発音できず、なまってＢｕｒｍａになったのだ」と言っている。だから、一九八九年の国名変更は「英語表記を元の発音に戻しただけ」と主張する。

それが、一九八九年であったことに注目してほしい。

前年（一九八八年）八月八日に、いわゆるラングーン暴動（８８８８事件）が起こり、軍政側は英国政府のそそのかし（使嗾《しそう》）、あるいは工作があったのではないか、と疑っていた。旧宗主国の影響力を、できるだけ削ぎたいという思いが、〝名称を正す〟という思いにつながって行ったのではないのか。ちなみにラングーンと呼ばれた当時の首都も、現在のヤンゴンに改名させられている。

本稿では、基本的に一九八九年の改称以前は「ビルマ」、以降は「ミャンマー」と記して行く。実は、ミャンマーは、一九四八年の独立以来、ビルマ連邦、ビルマ社会主義連邦共和国、ミャンマー連邦、そして現在のミャンマー連邦共和国と、国名は替わってきているのである。

国旗も三回替えており、二〇一〇年にも改めた、国旗問題について、日本のマスコミなどが反撥しているという話しは、ついぞ聞かない。

そもそも国名や国旗のデザインは、憲法と同様に、その国の主権の問題である。

ところが、スーチー女史は「国名変更は、当時の軍政が勝手に決めたことで、国民の信任は得ていないので、ビルマが正しい」と言明している（二〇一三年四月十七日、日本記者クラブにて）。

これは、当該国民の彼女が、自国の名称について意見表明したのであり、まだ理解はできる。ところが、外国政府やメディア、たとえば日本の某有名ニュースキャスターなどが「私はビルマを使い続けます」とテレビ番組中に表明したりするのは、いったいどういう理屈によるものか。

何はともあれ、国名を変更して、既に二十年以上経っている。オバマ・米大統領も、テインセイン・ミャンマー大統領が訪米した際、何度も「ミャンマー」と呼びかけていた。

そこで、いまスーチー女史が政権を握ったことで、また国名を「ビルマに戻す」のであろうか。新国会で「ミャンマー国名案」を議決して追認することも、それにふれずミャンマーと使い続けて行くことも、当然考えられる。さらに変更の否認、つまりビルマに戻ることさえも起こり得る（可能性は低いと思っているが）。

「スーチーさん」と呼ばないで

いま、スーチー女史と記した。

しかし、これは正しくない。正しくはアウンサンスーチー女史である。ミャンマー人は、苗字を持っていない。そこで、血のつながりを示すために、父の名を組みこんだりして、子供の名前をつける。だから、彼女の実兄も、アウンサンウ氏という。

「スーチーさん、スーチーさん」

彼女との面談の際、何度も、そう呼びかけた日本の有力政治家がいる。

そのとき「自分の名前は、アウンサンスーチーです。もし、長過ぎると思われるのなら、ニックネームで呼んで下さい」と、言い返したそうな。

ちなみに、彼女の愛称は「ドォ・スー」とか、「アンティ・スー」である。日本語で言えば、「スーおばさん」が、それに当たる。

たしかに、たとえば「純一郎さん」が、ただ、「一郎さん」と、何度も呼ばれたとするのなら、本人が面白くないと思うのは、当然だとも言える。プライドが高い彼女なら、なおさらであろう。

ところが、ミャンマーの軍政系の一部媒体においては、意図的に、その「スーチー女史」と使ってきた。それは、彼女を「アウンサンスーチー」と正しく表記すれば、どうしても、建国の英雄であるアウンサン将軍の名前を想い起こすことにつながるからである。「スーチー女史」と呼ぶことで、実の父娘関係を忘れてもらいたかったからではないのか、とも言われている。

そのへんの機微も分からずに、軍政嫌いのはず（？）の多くの日本のマスコミが、「スーチーさん」と書いてきた。まさに、笑止である。

しかし、たしかに、短縮系は表記しやすい。本稿でも、スーチーさん、あるいはスーチー女史を使用させていただく（アウンサンスーチーさん、ごめんなさい）。

スーチー女史のミャンマー国内での人気は、少なくても一般市民の間では、相変わらず根強いものがある。それは、今回の総選挙でも大いに証明された。

ミャンマーに行くと、〝スーチー・グッズ〟がいろいろと売られていて、当方もキーホルダーをお土産に買ってきたことがある。

民政移管後のヤンゴン市内では、彼女の一挙手一投足を、一面で日本のスポーツ紙のように大きく報じたカラー刷り新聞が、何紙も売られている。カップやTシャツにも、彼女の顔写真が使われていたりしていた。スーチーさんと父親のアウンサン将軍は、ブロマイドや大きなポスターにもなっていて、街中で売られているのだ。

「駄目なものは絶対駄目」

ところで、彼女の素顔はどうか。かつて笹森清連合会長（当時）に、「スーチーさんって、どんな女性なの？」と、問われたことがある。

「いやぁ、土井たか子さんみたいな人でしてね。『駄目なものは絶対駄目』の人です。一九九〇年の総選挙結果を無視するな、民主主義を守れの一点張りでしてね……。しかも、インテリ風の美人ですからねぇ」

そう答えたら、「それは、難儀やなぁ」と言われた。

いまなら「元外務大臣の田中真紀子さんみたいな人ですね」と答えることにしている。土井たか子さんは、「平和憲法を守れ」一本槍の人だったけれど、日本社会党の委員長も務めた。何よりも衆院議長として、まとめ役もやっている。だから、自由奔放な目白の元お嬢様のほうが、より似ているのではないかと、最近、気がついたのだ。

それはともかく、スーチー女史と、何回も会ったことのある山口洋一元ミャンマー大使は、「彼女は、他人の意見を聞く人ではないですな」と感想をもらしている。

余談ながら、後年（二〇一五年三月二日）、その山口元大使らとミャンマーの世界遺産見物に出かけた。古都ピイで、演説会のため同地を訪れていた女史と、たまたま同じホテルに宿泊することになった。ほんの目の前のコテージに泊まっている。山口さんは「顔を合わすのも、嫌ですな」ときっぱりおっしゃる。

われらは、一足先にホテルを後にした。彼女には、赤い鉢巻をした党の若者が数名、警護についていた。しかし、そのときは、取り立てて熱気みたいなものを感じなかったのだが……。

今回のＮＬＤの大勝をもたらしたのも、彼女の庶民の間での人気の賜物であろう。山口元大使に言わせれば「勝利は、彼女の人気というのではありません。何と言っても、アウンサン将軍の人気です」と訂正が入るかもしれないが……。

それはともかく、スーチー女史が代表を務めているNLD（国民民主連盟）においても、意見の対立がもとで、副議長をはじめ、何人もの幹部が組織を離れている。

二〇一〇年の総選挙においては、総選挙に参加するかどうかをめぐって、参加派が袂を分かっているのだ。

その参加派＝国民民主勢力（NDF）の、「仮に憲法に問題があるからと言って、選挙に参加しないというのは間違いだ。まず議席を得て、国会内で国民のため政策実現をはかって行ったらよい」という主張には、共感を覚えた。

NLDから〝裏切り者〟の誹りを受けても、敢然と、その二〇一〇年総選挙に挑戦し、議席を獲得している。結果は下院（国民代表院）八、上院（民族代表院）四の計十二と、その議席数は少なかった。

それでも「単に、与党と対立するだけでなく、責任ある立場から国民の利益のために行動する」とタンニェインNDF議長は語っている（「産経」二〇一〇年十二月二十二日付）。政策によっては、政権与党・連邦連帯開発党（USDP、当時、上下両院で約四百議席を占めていた）も、彼らの主張を受け入れて、法案が修正されたりもしていたと聞く。

それを聞いていると、議会制民主主義を無視しがちだった社会党から袂を分かった日本の民社党（DSP）を想い起こす。

改良主義の立場だったが、NDF同様「裏切り者」「体制側の犬」呼ばわりされ、そして解党して行った（余談ながら、当方は、その民社党本部に勤めていた）。だからこそＮＤＦの前途に幸あれ、と祈るのみだった。が、しかし、今回の二〇一五年総選挙では、一議席も獲得できなかったらしい。〝身を殺して仁〟をなしたということであろうか。

ところで、その二〇一〇総選挙をボイコットしていたはずのＮＬＤだが、補選に対し方針を転換したのは、ご存知の通りだ。二〇一二年四月の補欠選挙では、同党も選挙に参加し、スーチーさん自身も当選している。同選挙では、ＮＬＤが上下両院で四十三議席中四十一議席を獲得した。

今日から見れば、ＮＬＤとＮＤＦのどちらの主張が正しかったのか、歴然としているといえよう。そうではあるのに、今回の選挙結果である。政治とは、非情なものである。

それはともかく、少し前に戻る。

スーチー女史が、最初に〝軟禁〟解除されたとき（一九九五年七月）、自宅の門のところで、演説会を始めた。

「あれには、本当に迷惑をかけられましたね」

そう山口元大使は、いまでもこぼす。

当時の日本大使公邸は、道路をはさんでスーチー女史宅前にあった。彼女が演説を始めると、聴衆が集まってくる。それ目当ての物売りもやってきて、道路は事実上、歩行者天国となって行く。

警察がやってきて「ほかの場所でやってほしい」と要請する。それでも、聞いてはもらえない。制止しようとすると「当局は演説を妨害した」とか、「政治活動を制限した」と騒ぐ。

彼女の自宅は、東京で言えば、大田区田園調布や渋谷区松濤にあたる、ヤンゴン最高級住宅地にある。敷地は一エーカー（約一二二四坪）。木立の中に洋館が建っている。「敷地内に招き入れて（集会を）やれば、他に迷惑がかからないではないですか」と警備当局は、憤慨していたという。集会を開くだけの充分なスペースがあるのだ。

山口洋一氏は、先述のように、そのようなスーチー女史の行動に対しては、きわめて批判的であった。

その一方、宮本雄二氏は、彼女を「聡明な、品のいい、美しい人である。秀麗という言葉がよく似合う」（宮本雄二著『激変―ミャンマーを読み解く』）と〝礼賛〟している。元大使の意見も、様々なのである。

ちなみに、畏友でジャーナリストの丸谷元人さんは「欧米人は『聖女』が大好きだから」と主張する（丸谷元人著『日本軍は本当に「残虐」だったのか』参照）。

その「聖女」の条件は①欧米風価値観を有している②英語など欧米言語で発信できる③欧米の一流大学を出ている（通っている）④（まあまあの）美人である、などだそうだ。

そして、スーチー女史やパキスタンのマララ・ユサフザイさんらが、それに当てはまるとも指摘している。たしかに、お二人ともノーベル平和賞の受賞者で、そこそこの（失礼！）美人だ。

「大統領が二人いる」

そのようにスーチーさんは、欧米でも人気が高い。

そこで、独立系の民主政党、ミャンマー民主党のトゥウェイ議長は「スーチーさんは、西側諸国にとっての偶像で、欧米は彼女の発言しか信じない。この国には大統領が二人いる」と語っていた（「読売」二〇一二年四月二日付）。当方も「彼女には、約七百人いる国会議員の一人になっていてほしいですね」というヤンゴンのインテリ氏の声を、直接聞いている。国を代表してほしくないという意味だったのである。

しかし、欧米諸国の外交官は、今回の選挙前からも、スーチー女史詣でをやめていない。彼女のご機嫌をそこなえることがないよう、会談での外交官たちの発言も、遠慮がちだと聞く。次に会ってもらえなくなると、本国から叱責されるかもしれないと、懼れているのである。

今回、政権を担当することになると、ますますその傾向が強まるのは、確実だろう。

そのスーチー女史と、ご主人のマイケル・アリス氏を主人公にした映画が、二〇一二年七月、東京で公開された。『Ｔｈｅ　Ｌａｄｙ　アウンサンスーチー・引き裂かれた愛』（リュック・ベンソン監督）である。

山口元大使は「西洋人の偏見に満ちた、見るに堪えない駄作であった」と断じている。さらに、スーチー夫妻の夫婦関係は冷え切っていて、「引き裂かれた愛」と言うのは、〝嘘っぱち〟である、とまで言い切っている（『AMCWA会報』第二十二号、二〇一二年十月一日付）。

当方も、封切り日に、それを観た。愚作だと思った。

顔に入れ墨のチン族や、首に真鍮リングを纏うカヤン族などを、少数民族の象徴として登場させている。フジヤマ、ゲイシャで日本を描くのと同じである。メガネをかけた日本人外交官も登場するし、すぐに銃を発砲するミャンマー軍の大幹部も出てくる。すべてが、西欧人の目で戯画化されているのだ。観ていて不愉快であった。

そうと言ったものの、ヤンゴン市内でDVDが一枚三ドルで売っていた（二〇一三年三月）ので、つい買い求めてしまった（筆者註・二〇一五年の三月には、それが一ドルで売っていた）。

そのミャンマーで、ミャンマー人の友人から「日本の民主党政権は三年三カ月だからよかったですね。こちらは任期が五年でして……」と言われた。二〇一五年総選挙で、アウンサンスーチー女史が率いるNLDが勝つと五年は混迷する、と言いたかったのだ（事実、NLDが勝ったので、その友人はいま、何と言うのか……）。

そのとき「彼女も変わってきているから」と、当方は答えている。

かつて「外国から観光客は来るな、投資も軍事政権を助けるから反対」と言っていたスーチー女史も、今では「観光客も投資も大いに歓迎する」と方針転換してきているではないか、と言いたかったのだ。

国会でも、ＮＬＤ議員が軍代表議員とともに、政府提案の「新外国投資法」に賛成したりもしていた。

中国による銅山開発に対しても、彼女が委員長を務める調査委報告において、「事業継続」を打ち出し、住民らが反発を招いた。女史は「政治家は反発にも直面する勇気を持たなければならず、人気取りだけでは駄目だ」と語ったそうだ（「朝日」二〇一三年三月十六日付）。

朴韓国大統領に似ている？

先日、関西の友人から「韓国の朴槿惠（パク・クネ）大統領は、ミャンマーのアウンサンスーチーさんに、よく似てますな」と言われた。

たしかに、お二人とも容姿端麗で、現在独り身だ。父親が国家指導者として、暗殺されたこと、外国語を何カ国語も話し、〝聡明〟と言われていること、駄目なものは駄目式の〝正義派〟であることまで、一緒である。

ヤンゴンの友人は「スーチー女史は、民主主義については語るが、経済については語らない」と嘆く。朴大統領だって、ソウルで「反日は語るが、経済は語らない」と言われているのかもしれない。

その昔、フィリピンでコラソン・アキノ大統領（後のベニグノ・アキノ3世大統領のご母堂）が誕生した。経済はがたがたとなり、次のラモス大統領が立て直している。歴史は繰り返すということなのだろうか。

何よりもＮＬＤの大勝利で、実質「二人の大統領」が誕生するのかが、ポイントである。スーチー女史は、投票日前に「ものごとを決めるのは私。大統領ではない」と公言している。と言うことは、一人の決定権者と、大統領と言う名の職務遂行者となるのか。「国の正式な代表の大統領よりも、私のほうが偉い」と発言しているのに等しい。「現憲法上、外国籍の息子がいる以上、大統領になれないのだから、それも仕方がない」との声もあるだろう。でも、法治国家ならば、たとえ悪法であったとしても、公然と無視していては成り立たない。

スーチー女史は「院政」を敷くのではないか、とそれまで危惧されてきた。

「私にはその〝仮面〟は必要ないし、使わないわよ」ということの表明なのだろうか。選挙最終盤の発言だけに「今度の選挙で、ＮＬＤに投票することは、私の政権を作ることですよ」。

そう強調したかったのかもしれない。

今後、ウルトラＣとして、軍とＮＬＤとの間で話し合い（談合？）が急遽、成立して、新議会で一挙に憲法を改正に踏み出し（あるいは現憲法の「大統領条項」を一時停止し）、彼女の正式な大統領への道を開く手もある。旧軍政のトップであったタンシュエ元議長とスーチー女史が会談した、との報道もあった。キナ臭くはあるが、執筆時（二〇一五年末）においては、すぐに踏み出す可能性は低いと見ておく(時間をかければあり得る)。

それよりも、ミャンマー人の「公然たる議論を好まない」と言われる気質のほうが、気になるところである。

二〇一〇年総選挙に参加するかどうかについて、ＮＬＤ内で討議された際も、党幹部からスーチー女史の意向が示されて、たいした議論もなされずに、「党方針」が決定されて行ったという。先にあげたＮＤＦメンバーも、会議で声を上げず、静かに(?)離党して行ったわけだ。

スーチー女史による〝独裁政治〟となるのではないか、と心配される理由の一つは、ご本人の意思強固な性格とともに、明らかにこの意見を言わずに従って行く、長いものに巻かれろ式の〝国民性〟にもある。

女性の国家代表や政治指導者が、戦後、各国で多数誕生している。スーチー女史は、〝鉄血宰相〟と呼ばれたサッチャー英首相みたいになるのか、それとも韓国の朴槿恵大統領みたいとなるのか。

王朝の時代から植民地へ

ここで、ミャンマーの歴史を、ざっと見てみよう。

かの国は、大きく五つに区分、最近の動きを加えると、六つに区分することができる。

まず《第一区分》は、ビルマ族が中国から南下してビュー王国をつくり（紀元前二世紀から七世紀半ばまで）、その後バガン王朝が一〇四四年に誕生する前、「王朝以前の時代」である。

したがって、《第二区分》は、「王朝の時代」となる。いま世界三大仏教遺跡と呼ばれるバガンの大仏塔（パゴダ）群が作られて行ったバガン王朝、その後のタウングー王朝、そしてコンバウン王朝と続く。

そして、三次にわたる英緬戦争の末、一八八五年（明治十八年）、イギリスに全土を占領され、コウバウン王朝が崩壊し、翌一九八六年、イギリス領インド帝国のひとつの州として、正式に植民地政府の統治下に置かれてしまう。

それから一九四八年一月四日、イギリスから完全独立を果たすまでが、《第三区分》にあたる。「植民地の時代」と言ったらよい。しかし、本当は正しくない。

日本陸軍やビルマ義勇軍によって英軍が追い出され、短期間ではあったが、日本の軍政時代、そして独立（バモオ政権）も、経験しているのである。

さて、先にあげたイギリスによる植民地時代だが、イギリスは人口の七〇％を占める最大多数派、ビルマ族を支配するため、少数民族などを、現地宗教や仏教などからキリスト教に改宗させて、下級公務員や警察官などに登用して行った。そして、いわゆる分割統治（ディバイド・アンド・ルール）を取っている。

トップにイギリス人が立ち、次がインド人、そして帰順した民族やキリスト教に改宗させた少数民族、最下層に最大派のビルマ族となって行く。ビルマ族らは、刃渡り六インチ以上の刃物の所持も、禁止される。地元の人たちによる集会も、厳しく制限されて行った。

昭和に入ると、〝支那事変〟とも呼ばれる日中戦争となって行く。

一九三九年、英米軍がビルマを縦断して、中国雲南省に物資を輸送する〝援蒋ルート〟を開通させる。

それを遮断する目的もあって、日本軍はビルマ対策を強化し、ビルマ国内の独立派とも接触する（註・日英同盟時代は、同盟国イギリスへの遠慮もあって、ビルマ独立派との関係は疎遠であった）。

ビルマ族を中心とする独立志向の強い青年たちをビルマから脱出させ、日本軍の特務機関・南機関メンバーが、海南島で猛特訓を施した。そこで、頭角をあらわして行くのが、建国の英雄・アウンサン将軍（日本名・面田紋次）とネウィン将軍（日本名・高杉晋）らである。

そして訓練を受けたメンバーを中核に、一九四一年、タイでビルマ独立義勇軍（ＢＩＡ）が結成される。翌四二年、日本軍と連携協力して、ビルマに進攻。イギリス軍を追い出して、ビルマ全土を解放した。その海南島特訓組を、ミャンマーでは「独立三十人の志士」と呼ぶ。

英軍を破った日本軍は、ビルマに軍政を敷く。鈴木敬司・南機関長は「ビルマを独立させよ」と軍中央に意見具申するが認められず、かえって本人は更迭され、南機関も解散されてしまう。

しかし、日本政府は〝大東亜共栄圏〟と唱えていたこともあり、また、ビルマ側の熱望もあって、一九四三年、ビルマは日本から独立し、バモオ博士の独立政権が誕生する。

このバモオ政権を、日本軍の〝傀儡政権〟と軽くみる向きもあるが、決してそうではない。たとえば、ビルマ語の公用化の推進、行政管区の簡素化なども、バモオ政府が独自に行うとともに、日本軍側からの「学校教育における第一外国語に日本語」との要請も拒否して、英語を第一外国語として教え続けている（根本敬著『ビルマ独立への道』彩流社参照）。

日本が敗色濃厚となった一九四五年三月、国防大臣だったアウンサン将軍は、日本軍に叛旗を翻す決意をする。

その際、将軍が「われわれは日本軍と戦う、しかし、南機関の先生方には危害を加えることなく、保護するように」と命じたのは、有名な話である。

そのとき、〝三十人の志士〟の一人、ボミンオン（日本名・河野）が、「先生方に銃を向けるわけにはいかない」と自決している。

日本軍は負けた。イギリス統治時代に逆戻りする。

そこから粘り強い交渉で独立を勝ち取って行くのだが、その背景には、独立義勇軍から発展したビルマ防衛軍（ＢＤＡ）の軍事力の存在があったことは、間違いない。南機関での訓練、教育が生きたのである。日本の軍歌も、歌詞がミャンマー語に翻訳されて、いまでも国軍で歌い継がれている。

余談ながら、ミャンマー中央部のメイミョで、日本陸軍慰霊碑に参拝しているとき、近くの士官学校のほうから「万朶（ばんだ）の桜か、襟の色」で始まる『歩兵の本領』が聞こえてきた。分列行進の訓練をしているのかもしらないと思った。『軍艦マーチ』も軍の公式行事で使われていると聞く。

さらに、南機関の活躍ぶりも、首都ネピドーにある巨大な宮殿のような軍事博物館において紹介されていた。鈴木啓司・南機関長らの写真が展示されている。

非同盟中立政策で独自路線

一九四八年一月四日、ビルマは英国から独立する。

と言っても、インドのように独立後も英連邦にとどまることを求められる。だが、それを拒否して、完全独立を果たした。それからが《第四区分》である。国際的には、東西どちらの陣営にも与しない「非同盟中立政策」をとる。

しかしながら、その時代も、国内的には決して平坦ではなかった。

その《第四区分》を、外務省専門職としてビルマを長年見つめてきた佐久間平喜氏は、以下の四つに分けている（佐久間平喜著『ビルマ現代政治史』勁草書房）。

①政党支配期（一九四八～一九五八）

②軍介入期（一九五八～一九六〇）
③政党復活期（一九六〇～一九六二）
④軍支配期（一九六二～）

民政時代あり、軍政時代ありと起伏に富んでいる。同書は一九八四年の発行であり、〝8888事件〟を一つの区切りとすると、その後の軍政時代は、
⑤続・軍支配期（一九八八～二〇一一）となる。

そこで、二〇一一年三月末の民政移管後を、筆者は《第五区分》と分類している。つまり民政の時代（二〇一一～二〇一六春）であり、軍政後のテインセイン政権時代である。今後、NLD政権となるので、二〇一六年春以降、新たに《第六区分》としたほうがよいのかもしれない。

再度言う。

独立後、ビルマは民主主義国家としてスタートした。政党も活発に活動し、順風のように見えた。それが、民主主義国家発足後、早速ほころびがあらわれる。少数民族各派が高度な自治を求めて、各地で叛乱を起こしたのだ。ほかに赤旗共産党や白旗共産党の叛乱もある。

さらに、中国国民党軍の越境とビルマ国内での居座り、それに対する米国や中華民国（台湾）の軍事支援もあり、国内の治安は乱れ、政治は混乱を極めた。一時、中央政府は、首都ラングーン（現ヤンゴン）と、その周辺（日本でいえば東京と関東地方にあたる）、地方拠点都市だけを統治

している〝ラングーン政府〟に過ぎない、と揶揄されていた時代でもあった。

建国のリーダーたちが、政界や官界、国軍などに分かれて行った経緯があり、同じく国の指導者である、等しく国を担っている、という同志意識が強い。「政治家になった連中は何をやっているのか」の気分が強くなって行った。

政界における各党派の抗争激化や腐敗が蔓延する。印僑、華僑の跋扈、彼らに経済の実権が握られて行く。また一九六〇年の総選挙に勝利したウーヌー首相は、仏教の国教化をはかろうとし、非仏教徒の反撥を買って混乱を招いて行った。そこで、青年将校たちに突き上げられたこともあり、建国の英雄・ネウィン将軍が、一九六二年に決起する。

そこから本格的な軍政時代が始まった。資産階級の印僑、華僑を排除し、コメや油など日用品も配給する統制経済を取り入れる。これには、ネウィン氏らが戦前の日本で体験した〝国家総動員体制〟下における統制経済を〝範〟としたという説もある。

また、突然、高額紙幣の使用停止なども行った。資産階層のタンス預金を無効にするためである。しかし、副作用も大きい。みるみる経済は疲弊する。バンコクより豊かだと言われていたラングーンも、物資が滞る町となって行ったのだ。

一九八二年、筆者は初めて訪緬した。空港から街中まで、車をほとんど見かけず、見かけても何十年前のオンボロ中古車で、それにいっぱいの人が乗っており、その横を牛車がのんびり通っていたりして、本当に驚いたものだ。

当時の最高級ホテル、インヤレークホテルのキャッシャーでも、ちょっと高額のドル札になると、両替がかなわなかった。ダウンタウンの中央銀行に行って、学生時代の出席簿のような黒い表紙の台帳に、札の番号を記録されながら、現地通貨のチャットに替えてもらった。百《ドル》札一枚で、ポケットに納まりきらないほどの大量のビルマ紙幣が返ってきた。レンガ一つもらった気分である。

下町の大通りの夜店も、ランプの灯だけであった。街路も店も暗く、商品構成はタイ国境を越えてやってきた、味の素ほか密輸品が中心で、品揃えは貧弱である。ちょっとした外国製品を買うにも、現地通貨チャットのレンガ一つよりも、数枚のドル札のほうが圧倒的に強かった。「５５５」のタバコをワンカートン、バンコクで買い求めておいた。自分が吸うためではない。もっぱらチップとして利用した。外国のフィルター付きタバコは、ばら売りもされていたのである。

ダウンタウンの路上の床屋で、髪を刈った。地元の人からは「無謀ですね」と言われ、「髭剃りで、肝炎にかかったら、どうするんです」とたしなめられた。それ以降、発展途上国での路上床屋通いはやめた。

そのとき、ボウジョーアウンサンマーケット付近まで、ホテル前に停まっていたタクシーを使ったけれども、帰りの車が見つからない。町の靴屋に入って、ホテル名を告げて、そこの軽トラックで、若主人にインヤレークまで送ってもらった。お礼は「５５５」である。何せ、そのタバコ一箱の値段が、月給半月分にも相当すると言われていた時代の話だから、それでたいそう喜ばれた。

ラングーンで大規模デモ

そして、一九八八年八月の「８８８８事件」となって行く。

発端は、三月のラングーン工科大学学生と、町の若者たちとの喧嘩からだった。それが後に、何十万人にもの大規模デモを産み、ラングーンから全国に広がって行った。後年、北アフリカで起こった〝アラブの春〟みたいなものだったのである。長年の軍事政権の経済無策と、非民主主義的な独裁体質に対する不満が爆発したのだった。

旧共産党系などの左翼勢力の暗躍もあった。山から下りてきた少数民族が、警察官の首を刈り取り、町の家の門にさらした話もある。

「そもそも些細な衝突から端を発した今回の学生騒動は、その初めからビジョンが明確でなく、いたずらに旧政府を攻撃するのみで、ついには共産党およびシンパに利用されたにすぎない」（泉谷達郎著『ビルマ独立秘史』）。

そこで、自重していた国軍が出動した。その際、発砲もあって、少なからぬ犠牲者も出た。それが、いわゆるラングーン暴動（８８８８事件）である。

先にも述べたが、それら騒動の頃、スーチー女史は母親の看病のため、たまたま帰国していたので、彼女が八月十五日に「危機解決のための国民協議会の設置」を提案し、反ネウィンの元軍人や左翼勢力、旧民主諸党派、学生らの幅広い反政府勢力を結集するＮＬＤの指導者となって行った。

軍政側は、実力によって騒乱を収め、総選挙の早期実施を約束して、混乱を収拾した。余談ながら、一九八八年八月のはじめであったか、当時、筆者が所属していた民社党の外交部会で「ビルマ情勢分析会」が行われた。

外務省の担当者から「情勢は流動的ですが、やがて収束に向かって行くでしょう。たとえ反政府派であっても、一時、国外退去して、時間が経つと戻ってこられて、自由に暮らしている国ですからね。軍の出動までには至らないでしょう」との報告があった。

当方は「今回はいつもと違い、大規模なデモですよ。事態を収拾するために、軍が乗り出してくることも、充分に考えられるのではありませんか」と異論を述べた。

結果は、ご存知の通りである。

自慢めいた話はさておき、一九九〇年に国会議員選挙が行われた。ＮＬＤは得票率五九・八％を獲得する。それで四百八十五議席中、三百九十二議席を占めた。小選挙区制のマジックもあるが、議席占有率八割に達する圧勝であった。

それはさておき一九九〇年当時、政権（軍政）側は、その選挙結果を認めたくない。武装闘争を展開する少数民族との停戦交渉が進んでいない、本来、憲法を制定してから選挙をやるべきだったなどを〝理由〟に、政権交代を拒否。〝先延ばし〟を図った。

それに、スーチー女史が「一九八八年の弾圧指導者を裁判にかける」と言明していたことも、影響していたのかもしれない。

それはともかく、一九八九年から続くスーチー女史の自宅軟禁もあって、西欧諸国からの経済制裁を招く。一九九一年にスーチー女史はノーベル平和賞に選ばれた。しかし、軍政側は、仮に彼女がノルウェーのオスロで開かれる受賞式に出席した場合、帰国できることを保証しない。そこで、本人はミャンマーから出国を断念する。夫と二人の息子が代理出席した。それが欧米側のミャンマー批判に拍車をかける。

日本政府も、欧米に歩調を合わせざるを得なくなる。日本のODA（政府開発援助）が、一部の例外を除いて、事実上ストップとなった。

実は当時、軍政側においても、大きな変化があった。一九九二年四月に、保守派のソウマイン政権から、タンシュエ大将に政権が移ったのである。

実務は情報局出身のキンニュン中将が担う。彼は、開明派とも言われていた。事実、それまでの統制経済を次々とあらためた、自由経済とし、経済を活性化して行った。少数民族との対話も進め、多くの少数民族武装勢力と停戦の合意に至った。一九九三年には、憲法制定論議のための国民会議も開いた。

八つのグループ＝政党、国会議員、各民族、公務員、有識者、農民、労働者、その他特別枠から、政府が選んだ代表七百二名による会議で、ＮＬＤも政党枠で九十二名がメンバーに選ばれて、議論に参加している（後にスーチー女史らが、議席比率が低すぎると、ボイコットするようになる）。

キンニュン氏の登場により、統制経済をやめ、自由化したこともあって、年約七％もの経済成長を果たして行く。

しかし、一時、自宅軟禁が解除されたスーチー女史は「一九九〇年総選挙結果を尊重せよ」と繰り返し主張し続ける。政府との〝政治対話〟は進まない。

一九九七年、ミャンマーはＡＳＥＡＮに加盟した。しかし、間の悪いことに、タイのバーツ危機から始まる〝アジア通貨危機〟が起こる。その〝余波〟も受けて、前年から起きかかっていた〝ミャンマー投資熱〟も、一気に冷めて行く。そのため、経済低迷から脱出ができない。また、地方においても反スーチー派との衝突事件などもあって、再び彼女の政治活動を制限するようになって行った。それもあって、欧米からは経済制裁が強化され、直接投資も増えて行かない。

民主化は〝ロードマップ〟の通り

それらを打開する狙いもあって、二〇〇三年にキンニュン首相は、中断していた国民会議による憲法審議の再開、国民投票による憲法の承認、新憲法による選挙の実施など七段階の

「民主化のロードマップ」を発表した。「これは、軍政側の新たな政権延命策ではないのか」と、国内外の評判はあまりよくなかった。

また、翌二〇〇四年には、その〝ロードマップ〟の推進者であったキンニュン首相自身が突然、失脚し、〝自宅軟禁〟とされてしまった。民主化の前途も危ぶまれるようになる。

しかし、実際には、当初の〝ロードマップ〟通りに進む。二〇〇八年に憲法の国民投票、二〇一〇年の総選挙、そして二〇一一年三月三十一日の民政移管、そして二〇一五年の総選挙によるＮＬＤの大勝となって、今日を迎えている。

ところで、なぜ二〇一一年の民政移管となったのか。

それはまず、ミャンマー国民自身が、民主化をのぞんでいたこと。それに尽きる。経済の低迷から脱出したい。近隣諸国の発展に追いつきたい。自由と民主主義で明るい社会を作りたい。これらは反体制、体制側を問わず、実は広く内なる国民の声であった。

それを阻んできたものの一つは、約六十年に及ぶ英国支配後遺症、また外国の影響化に入りたくないという思い、民族自立の気風である。

スーチー女史が、西欧流の民主主義を主張すればするほど、外国で長く生活していて国のことが分かるのか、英国人の夫を持つ女性が何を言うのか、という排外的な感情も、軍政幹部を中心に湧き起こる。ノーベル平和賞をもらったからと言ってなんなんだ、ともなる。イギリスの影響下から、とにかく離れたいといって、車の通行を左側から右側に変えた、プライドの高い国なのである。

彼女も、頑なであった。軍政が利するからと言って、「外国はミャンマーに投資をするな、観光客も来るな」と主張して行った。憲法制定のための国民会議を離脱しただけでなく、二〇一〇年の総選挙もボイコットした。

これらの政治判断や経済政策が、果たして正しかったのか。それらの検証をすることもなく、「軍政=悪、スーチー女史=正義」といった一面的な報道を繰り返してきたマスコミの責任も、誠に大きい。

一方、スーチー女史同様ノーベル平和賞の中国の劉暁波氏は、刑務所に留置されたままである。また、故・趙紫陽・中国首相の〝軟禁〟は、死ぬまでほとんど報じられなかった。ミャンマーのキンニュン元首相も、二〇一二年まで八年半、自宅軟禁されていたが、今度は、日本のマスコミは、それをとりあげようとしなかった（解除後、キンニュン氏へのインタビュー記事が、朝日で掲載されている）。

とかくマスコミというものは、きわめて恣意的なのである。

朝日新聞が豹変？

二〇一五年十一月八日、ミャンマーで、総選挙が行われた。結果は「スーチー派勝利」（「産経」同年十一月十日付）である。

朝日の同日付朝刊では、「スーチー氏、勝利に自信、ミャンマー総選挙、与党大敗認める」と報じている。一面トップ四段抜き見出しではあるものの、日頃の朝日としては、思いなしか、扱いは小さい（※以下、特別に表記していない場合の引用は朝日である）。十一月八日に投票があり、九日の朝刊が休刊であったことと、今回の選挙で選管の結果発表が一部分ずつ行われたことにもよるだろう（全結果は十一月二十日に発表された）。

それはそうと、はじめに断っておくが、本稿で、朝日新聞の社説を基本にして、日本の新聞各紙のミャンマー論調について解析を試みてみる。朝日が、日本を代表する新聞の一つであると認識しているからである。朝日と対極の論調の印象が強い産経新聞や読売新聞も、ことミャンマーの件に関しては、どういうわけか論調が朝日と似ている傾向がある。それこそが問題であると考えてはいるが、各紙の比較は、本稿においては取り組んでいない。

さて、二〇一五年の総選挙結果への朝日の反応である。

朝日では「ミャンマー、民主化の新たな一章」という社説を掲載した（二〇一五年十一月十三日付）。「投開票はおおむね公正に行われた」「政策はほとんど論争にならず、体制選択が争点だった」「日本を含む国際社会は民主化への支援を惜しんではならず、一方で状況を慎重に見守る忍耐が必要となるだろう」といった内容は、おおむね納得できる。

ただし、ミャンマーに対して「状況を見守る忍耐」を主張するとは、朝日も〝変われば変わるものだな〟が、実感である。

ご存知の通り、一九八八年夏に〝都市騒乱〟があった。

一九九〇年の総選挙前、「ミャンマーの民意を尊重せよ」（一九九〇年五月十六日付）から、朝日社説を注目してきている。

その総選挙は五月二十七日に実施。ＮＬＤが圧勝し「ミャンマー民主化への一歩」（一九九〇年五月三十日付）と評価していたのだが、政権交代が進まなかったため、同年九月五日付では「ミャンマーの軍政いつまで」と批判した。

その後も「ミャンマーは民政移管を急げ」（一九九一年六月十一日付）、「軍政権は和解の対話を進めよ」（一九九五年十二月五日付）と提起し、「ミャンマー軍政の重苦しさ」（一九九七年五月五日付）、「軍事政権に展望がない、ミャンマー」（二〇〇〇年五月二十九日付）とまで決めつけ、「民主化に向け、対話促せ、ミャンマー軍政」（同年十月二日付）と要求してきた。

あまつさえ一九九七年のミャンマーのＡＳＥＡＮ加盟に関しては「ミャンマー加盟の懸念」（一九九七年六月二日付）まで表明され、「ミャンマー、アジアの連携で圧力を」（二〇〇〇年九月二十九日付）、「ＡＳＥＡＮ、『ミャンマー』で失望した」（二〇〇七年十一月二十二日付）、「ミャンマー、軍政がアジアを脅かす」（二〇〇九年八月十日付）と、内政干渉まがいの「社説」も出している。

それらは、九〇年総選挙の結果を無視して、軍政が続いていたのだから、少しは理解する。しかし、軍政から民政移管の過程での「社説」には、納得できないものが多い。

たとえば「ミャンマー、民主化の空約束は通じぬ」（二〇〇八年二月二十四日付）である。「ミャンマー（ビルマ）の軍事政権が、新憲法を制定したうえで2010年に総選挙を行うと発表した」が、「その内容や手順にあまりにも問題が多い」と批判し、新憲法法案は「NLDや少数民族の代表を排除したまま起草を進めた」とある。

先にも書いたように、憲法起草を担当した「国民会議」には、軍人、僧侶、九〇年選挙で当選の国会議員、学者文化人の代表など、多彩なメンバーで構成されていた。NLDの国会議員も参加している。構成が偏っていると、NLD自身が途中から同会議をボイコットしたのだ。〝排除〟をされたのではなく、正しくはNLDのほうが〝出て行った〟のである。

たしかに、すべて少数民族の代表が参加していたわけではない。当時、中央政府と停戦合意に至っていない民族だっていた。しかし、少なからぬ民族の代表が会議に加わっていたのである。

そもそもミャンマーには百三十五の民族がいると言われている。同じ民族でも、主流派が停戦に応じると、反主流派が闘争を継続したりもする。各民族と中央政府との関係、自治権問題もあって、「憲法論議」が長引いて行ったとも言える（もちろん「軍政側が意図的に長引かせた」という見方をする人もいる）。

先の〝空約束〟社説では「日本を含め、国際社会や国連はもっと関与を強めていく必要がある」と、内政干渉の勧めまでしている。

二〇一〇年は〝茶番選挙〟と批判

そして、先の総選挙が行われた二〇一〇年には、その選挙の半年前に「ミャンマー、茶番選挙は許されない」（同年四月四日付）と題し、「ミャンマー（ビルマ）の軍事政権は野党の声に耳を貸さないまま総選挙へ突っ走るつもりらしい。鳩山政権は手をこまねいている時ではない」「岡田克也外相を現地に派遣する。そうした踏み込んだ対応が必要だ」「形ばかりの総選挙ではこの国の民主化は遠のく」とまで言い募り、選挙前日（同年十一月六日付）の社説「ミャンマー、不公正きわまる総選挙」では、「そもそも正統性のない選挙である」とまで決めつけた。

しかも、テインセイン大統領が誕生したときも、「国の変化や『民主化』への期待感がまったく伝わらない門出」だと腐し、「ミャンマー、新政権は民主化へ行動を」（二〇一一年二月八日付）と、主張してきたのである。さらに「ミャンマーの春、憲法改正で民主化急げ」（二〇一二年一月二十三日付）とさえ要求した。まさにいずれも〝上から目線〟である。

これは完全に行き過ぎであろう。たとえば、「ニューヨークタイムズ」に、「日本は憲法改正で軍備強化急げ」と書かれたら、朝日はどう反応するのか。

実は、二〇一〇年総選挙を辛く分析していたのは、朝日だけではない。日経は「ミャンマー総選挙は茶番だが」（「日経」二〇一〇年一一月九日）と疑問を呈し、選挙が終わると「ミャンマー総選挙、筋書き通りのむなしさ」（「日経」同年一一月一三日付）と断じている。読売も「民政移行へ国際監視必要だ」（「読売」同年一一月一三日付）と呼びかけている。

それが、二〇一五年総選挙では、日経が「歴史的なミャンマー政権交代」（二〇一五年一一月一三日付）と評価し、読売は「ミャンマー選挙、経済発展路線の継承が課題だ」（同年一一月一二日付）と注文をつけた。

その読売社説では「理解し難いのは、選挙前、スー・チー氏が『我々が勝利すれば、私は大統領よりも上に立つ』と語ったことである。自ら民主化を掲げながら、傀儡政権を作るつもりだろうか」「選挙遊説では、政権構想を語らず、具体的な政策も見えない。政治手腕は疑問視されている」「ＮＬＤは国政を担える人材を欠く。政権交代を実現しても、軍やＵＳＤＰの協力なしには、早晩、立ち行かなくなるだろう」と厳しく分析し、日本は「官民が連携し、ミャンマーの改革を引き続き後押しすべきだ」と訴えている。同感できる点も多い。

二〇一〇年総選挙を朝日は〝茶番〟と謗ってきたが、それで結果はどうであったか。

その「形ばかりの総選挙」後、スーチー女史は〝自宅軟禁〟を解かれ、軍政から民政に替わって、言論の自由や労働組合活動の自由、都市部などに置ける経済成長、それらの発展の上で、二〇一五年の総選挙となって行ったではないか。そして政権交代が確実となって行く。朝日社説は、明らかに見通しが間違っていたのである。

なぜ、それが起こったか。

まず朝日に限らず、日本のマスコミ一般に言えることだが、〝左翼〟に甘く、〝右翼〟に厳しいきらいがあるからである。

さらに、たぶんにスーチー女史が美しく、ノーベル平和賞を受賞したことにもよるだろう。また、毎日新聞では、彼女に「ビルマからの手紙」を連載させていたからかもしれない。ちなみに毎日新聞社からアウンサンスーチー氏著『ビルマからの手紙』と『新ビルマからの手紙』が出版されている。

神谷不二先生の慧眼

話は替わる。

再読したいのは、故・神谷不二元慶大教授の産経新聞においての指摘である。

「ミャンマーのニュースとなると大方アウン・サン・スー・チーさんのことばかりだ。しかもほとんどのマスコミはいつもスーチーと彼女の下に集うＮＬＤ（国民民主連盟）を善玉に描き、彼女の自由を拘束する現軍事政権の担当者ＳＬＯＲＣ（国家法秩序回復評議会）を悪玉として描く。だが、果たして、それだけでいいのだろうか。いま東南アジアの国々は経済発展の波に乗ってはげしく動いている。ミャンマーとて例外ではない。こうした生の動態を伝えるのに、いつもワンパターンの報道を繰返していいものではあるまい」（産経新聞「正論」欄一九九六年八月九日付)。

正に慧眼である。

しかし、その後も、この〝善玉悪玉〟論は、日本のマスコミで、猖獗をきわめていた（いや、いる?）。

ところでなぜ、スーチーさんが〝善玉〟なのか。

一九八八年夏の〝8888事件〟のとき、母親の看病のため帰国していた彼女が、反体制派の先頭に立つ。それがNLDに発展した。彼女は一九八九年から三回・通算十五年余にわたって、〝自宅軟禁〟されてしまう。

とは言え、一人ではない。お世話をする女性の存在は認められている。だから、軍の監視下にあり、不自由であったとはいえ、〝自宅軟禁〟というよりも、神谷先生の表現によれば〝自由を拘束〟であり、実態は〝政治活動の制限〟であったのでないのか。軍政が認めた国連代表ほかとも、面談ができていたのである。

余談ながら、二〇〇四年に失脚し、同じ〝自宅軟禁〟とされたキンニュン首相のことである。実は私、その改革派とも言われていた同元首相とは、五回ほどお目にかかっている（と言っても、日本の政治家との会談に同席していただけの話だが）。

それがためであろうか、彼の〝失脚〟以降、一時、当方にミャンマーへのビザがおりない時代があった。尤もNHKの道傳愛子解説委員にも、ビザがおりない時代があったそうだから、驚くことではないのかもしれないが……。

しかし、民政移管以降、ビザがおりるようになった。二〇一三年十月には山口洋一元ミャンマー大使らとともに、キンニュン氏を訪問することもできた（六回目の面談となる）。閑静な住宅地に、ご自宅はあった。二階建ての洋館で、立派ではあったものの、豪邸というほどではなかった（失礼！）。四時間しか眠らずに執務する〝清廉な人〟とも言われてきただけのことはある。「庭いじりと瞑想の日々を過ごしている」とも語っておられた。

識者は、よく軍は〝悪玉〟であり、「軍政は怪しからん」という。

仮に、それが正しいとして、新興国は軍に人材が多いのも事実だ。インドネシアや韓国は、軍政時代にテクノクラートを育てて、国家主導の集中的投資などもあって、経済を発展させてきた。いわゆる開発独裁が成功してきている。

ビルマ（一九八九年以降はミャンマー）の軍政を責められてしかるべきは、民主主義を踏みにじったこともさることながら、諸外国から経済制裁を科せられていた事情があったにせよ、充分な経済成長をさせてこなかったこと、庶民を豊かにできなかったことではないか。

異常な〝ミャンマー叩き〟

経済面でも問題があったにせよ、日本のマスコミの〝ミャンマー叩き〟は異常であった、と感じている。

　ミャンマーが民主主義でないと批判した。では、北朝鮮はもちろんのこと、中国やベトナムといった共産主義国はどうなのか。一党独裁で（中国には〝民主諸党派〟と呼ばれる共産党の第五列政党があるにはあるが）、まともな選挙などは行われていないではないか。

　軍政というが、二〇一四年にタイで起きた国軍によるクーデターと比べてみるとどうか。ミャンマーは、選挙結果を無視した政権居残りだった。タイは、選挙で選ばれていたインラック首相を、軍事力を行使しての追い落としである。

　その後、〝クーデターはタイの文化〟だから（一九三二年以降、十九回のクーデターが起きていると言われる）と、容認しているのかもしれないが、日本のマスコミなどで、タイへの〝批判の声〟があまり伝えられてこない。タイが豊かな国で、日本との経済的な結び付きが強いからなのであろうか。

　それはさておき、朝日の最近のミャンマー報道はどうか。

　朝日新聞の朝刊（二〇一三年十月十二日付）を開いて、驚いた。一面トップに「全土停戦11月にも　ミャンマー、テインセイン大統領単独会見」とある。

　かつて朝日は「軍政トップのタンシュエ国家発展平和評議会議長が大統領に就任しなかったことで、最低限の前進があったという見方もある。しかし、軍序列4位のテインセイン氏は議長の忠実な部下として、対外的な役割を担った人物」と述べ、「ミャンマー、新政権は民主化へ行動を」と社説（二〇一一年二月八日付）で、注文をつけていた人物である。

インタビューは、ブルネイで行われたそうで、十二面の国際面に「和平に自信、改憲には慎重」という記事も添えられている。

内容は日頃、テインセイン大統領が言っていることの繰り返しであって、とりたてて目をひくものではない。ただ扱いの大きさに奇異を感じた。

また、ミンアウンフライン・ミャンマー国軍最高司令官（二〇一五年八月二十二日付）へのインタビュー記事を一面と国際面に載せたりもしている。

さらに、いま朝日の特派員もミャンマー国内で活動できるようになったので、民政や庶民の暮らしぶりも伝えるようになった。紙面がかつてに比べて充実してきたと感じる。

たとえば、朝日の「脱税対策、待ったなし」（二〇一五年十一月十七日付）である。「脱税は簡単。税務署員が来れば『寄付』すればよい」という現地の人のコメントを記している。

新興の国の多くで、ワイロ問題が存在する。広く薄く公平な徴税をどうやって確保して行くのか。ミャンマーの証券市場の開設で、最大のネックとなったのが、正しい会計処理の把握であったと聞く。日本は、その市場開設を援助しているが、帳簿づくりのイロハから教えなければならなかったのだ。

企業だけではない、各商店主や農業従事者、庶民個々人の納税意識も高まらなければ、国の財政状況は改善されず、したがって公務員にも給料を高く払えず、ワイロも横行する。根は深いのである。

米国は国益優先で

もう少し歴史を振り返ってみる。

一部から、強くミャンマーの民主化に向けて関与を求められてきたアメリカだが、そのビルマ（ミャンマー）に対して、一貫した姿勢をとってきたとは言えない。

先にも記したように、共産中国からビルマに逃げ込んだ国民党軍に物資を空輸したり、独裁者と言われたネウィン大統領を、国賓として招いたりしている。

それは、取りも直さず、ビルマが〝中国包囲〟のため欠かせられない国だったからである。なぜなら、米国は反共であり、反ソが国是であった。共産主義国の中国を封じ込める必要があったのだ。

それが、中ソの間で亀裂が生じてくる。一九六九年に珍宝島（ダマンスキー島）事件が起こった。中ソ国境の島で中ソ両軍が干戈を交え、中ソ対立時代となる。したがって、敵の敵は味方となって行く。ニクソン訪中（一九七二年）で、劇的に国際状況が変わり、〝米中和解〟となるのである。

そうなると、ビルマをもう重視しなくてもよくなる。〝8888年騒乱〟でスーチー女史が彗星のようにあらわれると、英国などとともに同女史を支持し、ミャンマー政府批判の急先鋒となって行く。「自由を守れ」「民主主義を守れ」「人権侵害を許すな」と〝経済制裁〟も発動してきた。

民主主義国家ではなく、自由も民主主義もない中越両国などについては、人権批判をほとんどしない。ところが、ミャンマーに対しては、強く積極的に批判をする。ダブルスタンダード（二重基準）なのである。

ソ連邦が崩壊した。中国が経済力をつけて、軍事的に台頭してくる。

また、米国の態度も変わる。

オバマ米大統領が再選されて、まず訪れた（二〇一二年十一月）外国は、ミャンマーであった。

最大都市のヤンゴンに、六時間だけではあったが、滞在した。

その米大統領の日程に合わせて、テインセイン・ミャンマー大統領も、会議中のカンボジアから一時帰国して、ヤンゴン空港でオバマ大統領を出迎える。そのまま首脳会談を持った。

場所が、首都のネピドーではなくて、交通の便利がよい旧首都のヤンゴンだったところにも、その厚遇ぶりが際立っている。

オバマ大統領も、首脳会談で、従来「ビルマ」と呼んできた国名を、正しく「ミャンマー」と言って、その厚遇に応えた。テインセイン大統領が訪米した際も、オバマ大統領は再三、「ミャンマー」と正式名称で呼んでいる。両国の関係は、完全に正常化したのである。

良好な日緬関係だが…

日本とミャンマーの関係はどうか。基本的には、前述の歴史的経緯により、良好な関係を保っている。しかし、日本軍に直接指導を受けた世代は、ほとんど亡くなり、もはや次の次の世代に、実権は移りつつある。皮膚感覚としての〝親日〟は、明らかに消えつつあると言ってよい。

アウンサン賞（ミャンマー最高の勲章）受賞の泉谷達郎氏が、二十一世紀に入ってすぐ、ヤンゴンを訪れた。そのとき、かつて独裁者と言われ、引退もしていたネウィン将軍が、泉谷氏のための歓迎宴を開いてくれた。

遅れて会場に到着した泉谷氏に、奥のソファに座っていた将軍がすくっと立ち上がり、歩みよってきて「教官殿、お達者でいらっしゃいますか」と声をかけられたそうだ。

「それが、日本語だったんだよ」と、当方に語ってくれた泉谷さんの嬉しそうな顔が、いまでも忘れられない。

泉谷氏は、陸軍中野学校出身の元陸軍中尉である。南機関の中心メンバーであり、『ビルマ独立秘史』（徳間書店）を著している。「モウラミャインにある日本軍慰霊碑が壊されているよ。なんとかしてくれ、と言ったら、彼（ネウィン将軍）は、すぐ会場にいた軍人を呼んで、直すようにと命じていたよ」と報告してくれた。

モウラミャインは、タイ緬鉄道建設で亡くなった人も多く、ミャンマー国内で唯一、対日感情が悪い地域である。経済特区のダウェーとも近い。

そう聞いていたので、二〇一四年夏に同地に訪れた際、身構える気分となっていたが、こちらが日本人と分かっても、商店主らの対応がよく、気持ちよく過ごせた。食堂などでも、ヤンゴンからみれば三割は物価が安かった。

それはそうと、日本軍はビルマ戦線で約三十二万人が戦い、十八万六千人もの将兵が亡くなっている。日本軍慰霊碑も、ミャンマー各地にある。その多くを、地元の人たちが守ってきてくれているのだ。

ネウィン氏とのエピソードでも分かる通り、南機関に指導を受けた世代や、南方特別留学生、陸士留学生たちは、日本に特別な感覚を持っていた。

戦後、いちはやくビルマ米を輸出してくれたし、戦後賠償にも応じてくれた。国連でも日本の提案に賛成票を投じることが多かった。その日本も、ビルマへの第一の援助国として、それに応えてきた。

ところが、一九九〇年以降、欧米と歩調を合わせて、ODA（政府開発援助）を一部の例外を除いてストップし、ブレーキをかけてきたこともあり、両国間の〝特別な感情〟は、急速に弱まりつつある。

その間隙をついて、彼の国における中国の存在感が高まりつつあるのだ。文化の面では、韓流テレビドラマの高視聴率もあって、主にファッション面などで、韓国の影響も強い。それよりも何よりも、紅茶文化が庶民の間にも定着しているように、旧宗主国・英国へ、植民地統治に対する反撥とともに、憧憬にも似た感情が根強いのも事実なのだ。

大使館を新首都に移転を

とは言え、民政移管後も、日本政府は矢継ぎ早に対ミャンマー関係の改善を図ってきた。二〇一一年十二月、野田民主党内閣の玄場光一郎外相がミャンマーを訪問。それを契機に翌一二年一月、安倍自民党内閣の麻生太郎副総理兼財務相、そして、同年六月には安倍総理自身が彼の地を訪れ、長期債務の大胆な減免、援助の大幅拡大などは、いずれもかつてない規模で、各方面を驚かせた。

安倍晋三首相は岸信介首相、安倍晋太郎外相と三代続くミャンマーびいきである。現地の学校建設に対しても、寄付を続けてきた経緯がある。父の晋太郎氏は、外相として訪緬した際、当時の同国首脳と、日本の軍歌をお互い歌いあって、大いに盛り上がったというエピソードもあった。安倍昭恵夫人も、ミャンマーびいきで知られている。

ミャンマー側も、二〇一一年十月にはワナマウンルイン外相が、翌一二年四月にはテインセイン大統領が来日している。

その大統領来日の一カ月前、実は筆者、産経新聞（二〇一二年三月二十一日付）で、「ミャンマー首都に大使館移転を」を提案した。

それは、首都移転に関する問題である。二〇〇五年、最大都市ヤンゴンから中央部のネピドーへ首都移転を発表され、翌〇六年三月に移っている。

ところが、隣国バングラデシュを除く各国は、大使館をヤンゴンに置いたままである。日本も、新首都のホテルの一室に、現地雇用のミャンマー人駐在員を一人置いているだけで、大使館そのものは、いまだにヤンゴンにある。

中央官庁との調整が増えたいま、かねてより、それでは不便である、と聞いていた。また、日本が友好国の証として、大使館移転を率先することが、政治的に大きな意味がある、と思っていたからである。

日緬首脳会談（二〇一二年四月二十一日）で、野田佳彦総理ご自身が、移転を直接言明されることを期待した。ところが、「移転します」と表明することはかなわなかった。

しかしながら、野田総理から「大使館が首都へ移転する際はよろしくお願いいたします」との要請が行われ、テインセイン大統領からも「その際は協力いたします」との答えがあったと聞く。本当のことをいうと「移転する際は」ではなくて、「移転するので」と発言すべきであったろう。それには外務省内（特に現地ミャンマー）の抵抗が強くて、実現しなかったためらしい。

　想像するところ、大都会のヤンゴンから田舎のネピドーには行きたくない、他の国の在外公館も移転していないではないかといった、現地外交官の思いが、大きく反映しているものと思われる。うがった言い方をすれば、スーチー政権ができて、また、ヤンゴンに首都が（外務省だけでも）戻る可能性がある、と見越していたのかもしれない。

　余談ではあるが、かねがねヤンゴン在住の日本の外交官は任国に愛情深い人が多い、と評価している。専門職の人らを中心に、ヤンゴンの僧院において日本語を教えていたのだ。もちろんまったくのボランティアである。そこから多数の日本語遣いが生まれた。いま通訳や企業人として活躍をしている人も多い。その人たちとお会いする機会があって、レベルの高い日本語を話すので、ビックリしたことが多々ある。友人のI君も、その一人であり、交際が二〇年以上も続いている。

　それはさておき、当方は、諸外国が移転していない今だからこそ、日本大使館が率先、ネピドーに移転することにより、ミャンマー政府に日本の姿勢を示すことにつながると考えているのだが……。

　実は、二〇一二年八月の外務省政務三役会議においても、「ミャンマー大使館の首都への移転問題」が話題にのぼり、「準備して行く」となったという話を、出席当事者の山根隆治外務副大臣（当時）から、直接聞いた。

当時は民主党政権下であり、いまは自公政権下である、と言う勿れ。外交は一貫性が大切である。一刻も早く、首都ネピドーに〝日の丸〟が立つことに期待する。

ODAに日本のNPOが反対

二〇一二年十一月、日本のODAでヤンゴン郊外のティラワ地区に工業団地が建設されることが、両国の間で調印された。これは中国が開発する北部のチャオピュー経済特区、タイなどが開発し、日本も協力する南部のダウェイー地区と同様の経済特区となるのである。

当方は都合三度、ティラワを視察した。最初は、道路は作られていたものの、造成予定地は、いまだ耕作地になったままであった。

そのティラワ地区は、早くから工業団地の開発が予定されていたところである。しかし、ミャンマー政府の財政難もあり、当初計画がなかなか進まなかったのである。そこで一度、代替地に移転したはずの農民が、また舞い戻ってきて、無断耕作を続けていたりもする。取り締るべき当局も、収穫があがるのはよいことだとばかりに、それを黙認してきていた。

それに目をつけたのは、日本のNPO法人メコン・ウォッチだ。無断耕作者の支援に乗り出す。「日本のODA反対、環境を守れ、農民の生活を守れ」というのが、彼らの主張である。

二〇一二年末、工業団地造成のため、ミャンマー政府が動き出す。当該農家に対し「二週間以内の転居」を求め始めた。

そこで、日本のメコン・ウォッチは「ＯＤＡ中止要望書」を、岸田文雄外務大臣らに出している。それに呼応するようにミャンマー国内においても、メコン・ウォッチ側は、ＮＬＤや各方面へ「反対」の働きかけを行っている。

二週間というと、日本の農家を想像すれば、〝無理難題〟と思えるかもしれない。しかし、ミャンマーにおいては、雨季においては、降り続く雨を対応するため高台に住居を移転する農家もあるのである。簡素な作りの家が多いことも踏まえて、論ずるべきであろう。

それに、ミャンマーでは、「土地はすべて国有」であり、使用権が取引されているに過ぎない。そして農村において、その耕作権を持っている農民と、持っていない農民とがいる。

開発予定地の農民は、金額は少なかったかもしれないが、政府から補償金をもらい、代替地にいったん移転した人たちが多いのだ。また、一部には、政商が値上げ見込みで、それら農民から、かつての耕作権を買い占めている土地もあるとのことである（「産経」二〇一三年四月六日付）。

いずれにせよ工業団地は、ミャンマー自身の経済発展にとって欠かせないものになる。それを妨害するとは、何らかの意図があると考えるべきである。

メコン・ウォッチは二〇一三年三月二十六日、参議院議員会館において「ティラワ開発反対」の集会を開いた。何度も、日本政府に開発反対の「申し入れ書」を出している。

なお、彼らの〝運動〟を、社民党や民主党の一部国会議員が支援している。社民党は〝何でも反対〟が、党是のような政党だから、まだ理解できる。しかし、判らないのは、民主党議員の論理だ。なぜなら、このプロジェクトのレールを敷いたのは民主党政権であったことを、よもや忘れてはいまい、とだけ記しておく。

二〇一三年末に、ティラワで鍬入れ式が行われた。二千四百《ヘクタール》のうち、第一次分として四百《ヘクタール》を開発するのである。そこには八十一世帯が耕作していた。代替地や一定の生活保障金で和解が成立し、ほとんどの世帯が移転に応じたそうだ。ただし、うち一世帯の反対姿勢が強硬だと言う話も、その現地で聞いた（二〇一三年十一月当時）。その後、どうなったのであろうか。

話はまったく替わる。

かつてミャンマーに、日本の民間「従軍慰安婦調査団」が入り、戦時中、日本軍の慰安婦だったミャンマー人女性を探し出した。

彼女は「たしかにそういう仕事はやっていました。恥ずかしいことです。おカネをもらいました。終わった話です。もう触れないで下さい」と取材を断った話を、その通訳を務めたミャンマー人から聞いたことがある。

一部の人権派、環境派、自然保護派、絶対平和主義者と自称する人たちや、いわゆる左翼の方々は、自らの主張を正当化するため、平気でウソをついたり、人を焚き付けたり、日本の悪口を外国で言いふらしたりする。そして、相手の国の人たちも利用したりする。

今回のメコン・ウォッチの動きに対して「ミャンマーの発展につながることに、なぜ反対するのですか」というヤンゴン一般市民の声を多数聞き、それを思い出した。

さて、その「ティアラ開発」だが、第一期分の造成が順調に進み、二〇一五年九月二十三日には、麻生太郎副総理兼財務相出席のもと、竣工式が行われた。

今後はどうなる？

ミャンマーでは二〇一三年十二月、首都ネピドーにおいてシーゲーム（東南アジアスポーツ大会）が行われた。翌一四年には、ＡＳＥＡＮの議長国も務めている。また、国連の支援を受けて一九八三年以来、三十一年ぶりの国勢調査が行われた。二〇一五年十一月には、総選挙も実施されている。

そして何よりも、二〇一五年の十二月には証券市場の開設もなされた。税金対策もあって、何種類も帳簿があるのが常識の企業文化がある国で、市場開設の意義は大きい。加えて、同月末にはＡＳＥＡＮ一〇カ国による経済統合もなされた。〝経済離陸〟に向けて、いまこそミャンマーは全力をあげて行かなければならない。イデオロギー過剰の〝党派闘争〟に、明け暮れている余裕はないのである。

実は、筆者は、ミャンマーの前途に楽観している。なぜなら、欧米はじめＡＳＥＡＮ諸国、中国、日本など国際社会がミャンマーの混乱をのぞんでいないからである。

少数民族の反政府活動に対して、近隣諸国からの支援する動きも弱まり、国境の物流やコカイン・宝石などの販売による資金調達も、昔に比べて困難になってきた。一部の跳ね上がり分子の活動は依然続くとして、大きな武装闘争集団は、おおむね和平に向かっていると考える。

それに、「イスラム国」問題ほか、国際情勢の緊迫化が、微妙に影響してくるであろう。世界はいまやそれらへの対処が急務である。それ以外のこと、たとえばミャンマーに関して、以前ほど関心を示していないのである。

そうではあるが、電気料金や交通運賃の値上げや経済状況が極度に厳しくなったりすると、十七あると言われる少数民族の武装組織との停戦・和平へのプロセスの破綻、宗教問題にも火がつき、さらに大都市下層住民の生活苦によって、大きな混乱が起こる可能性がまったくないと、言うものではない。特に仏教過激派とイスラム原理主義者の衝突などが心配ではあるが……。

ただし、少数民族「ロヒンジャ問題」は、性格を異にする。

ベンガル系イスラム教徒である彼らを、いまのバングデシュからミャンマー西北部・ラカイン州に連れてきたのは、両国を植民地にしていた英国である。それで、仏教徒・ラカイン族と、転住者でイスラム教徒のロヒンジャとの対立・抗争に発展して行く。

ミャンマー政府は「ロヒンジャ族は、隣国からの流入者であって、不法居住者である。正当なミャンマー国民ではない」と言う。

スーチー女史は、一時「政府は、少数民族の人権にも配慮すべきである」とロヒンジャに同情的な発言をしていた。それがラカイン州の人々の民族感情を刺激し、地元のＮＬＤ事務所が打ち壊された事件があった。その後、女史は、この問題に対して口を閉ざしている。今回の二〇一五年総選挙においても、ラカイン州ではＮＬＤが振るわず、ラカイン民族党が健闘した。

一部の欧米系や日本のマスコミは、ミャンマー政府の対応は非人道的である、と批判する。しかし、事は単純ではない。

毎日新聞の春日孝之・アジア総局長兼ヤンゴン支局長によれば「国連やメディアの多くは問題の歴史的経緯や背景に目を向けようとせず、ミャンマー政府やラカイン族を悪者にしてきた。ラカイン族とロヒンギャの争いには宗教が絡む。公平さを欠くロヒンギャ擁護がミャンマー政府やラカイン族の怒りに拍車をかけ、仏教ナショナリズムを駆り立て憎しみを増幅させている側面がある」（毎日二〇一五年五月二十八日付）のである。

〝沸騰〟を本物へ

それはともかく、私の「ミャンマー〝楽観論〟」には、論拠がある。

二〇一〇年十一月に二十年ぶりの国会議員選挙が実施されて以降、彼の国の変化がめざましいことは、きわめて重要であろう。混乱を求めない、いまの生活を享受する層が、確実に多く生れてきている。

費用難などから中断していたビルの建設工事なども再開しており、不動産の高騰も始まっている。ヤンゴン市内の質のよいオフィスの賃貸料は、東京の山手線内と一緒だという。バスに乗り遅れるな、式の外国人投資家が殺到している。「外国人用の超高級マンションは、ニューヨーク並みの高さですよ」という話しも聞いた。

町ではスマホがあふれ、ロンジ（民族衣装）ではなくジーンズやスカート姿の若者も目立つ。ついこの間まで、一泊五十ドルで泊れた四つ星ホテルが、三百ドルもする（その後、一部では値下がりしたが……）。長年、ミャンマーをウォッチングしてきた筆者にとって、なんだか嬉しいような悲しいような気分である。

しかし、基本は、その国の人たちがいかに働いて行くかである。

たとえ働かなくても、食べるものには困らない国である。一般の人々が、本当に自主的に働くのかどうかにかかっていると言えよう。

当方のところに、ミャンマーに進出したい、という経営者がよくやってくる。そのとき、「なぜミャンマーですか」と、必ず聞くことにしている。

「人件費は安いそうですし、今後、発展しそうですから」

そう答える人が多い。

「それなら、お止めになったほうが、よろしいですね」

否定的なことを、敢えて述べる。座をしらけさせてしまっても、躊躇はしない。

「いま不動産は、高くなってきているのですよ。たとえば二千万円かけて、ラーメン屋を始めたとして、一杯いくらで売るラーメンにするのですか。東京なら六百円とれたとしても、ヤンゴンでは、その五分の一だとして、果たしてやっていけますか。従業員の給料もあがってきているのですよ。ご夫婦だけでやりたいというのなら、あえて反対はいたしません。自分が日本にいて、出資だけというのは、大いに疑問ですね」

そう続けると、少し考えてくれるようになる。

「人件費が安いから」

「発展しそうな国なので……」

そもそも、そんな言い方が気にいらないのだ。人件費が高くなったらどうするのか。より安い国に行くということになるのか。発展にブレーキがかかったら、すぐに逃げ出すということか。

さらに、「ミャンマーは親日国と聞いたから」というものもある。たしかに、南機関で鍛えられた〝三十人の志士〟や南方留学生、陸軍士官学校留学生らは親日であったろう。また、その次の世代も、そうであるかもしれない。また、ビルマ賠償やODA、さらに投資が多かった頃も、そうではなかったか。そうであったとして、それはたぶんに〝エン・マネー〟の魅力でもある。

いまでも、ミャンマーが親日国であることは、間違いない。ただ、「台湾、ビルマ（ミャンマー）、トルコは三大親日国」などと言われると、ちょっと違和感を覚える。たしかに台湾は、一部の例外の人を除いて、段違いに〝親日〟である。しかし、ミャンマーと同様の〝親日国〟なら、世界いたるところにあるのではないか。

その昔、ワルシャワでのことである。

サラリーマン宅にホームステイしたとき、そこの父親から「日本とポーランドとは、隣国同士だ。間に大きな森があって、獰猛な熊が住んでいるが……」と言われて、二人で乾杯した話は、ほかにも書いた。すこぶる親日的なおじいさんだったのである。

トルコのイスタンブールから中央アジアの各国を通って中国に入ったとき、どこの町でも、親日の人が多かった。タシケント（ウズベキスタン）中央市場の朝鮮漬けを売っていた朝鮮族も、ウルムチ（中国新疆ウイグル自治区の区都）のウイグル人がそうではあった。ここらでのエピソードも、ほかでも書いたので、再述はしない。

どだい親日だから進出する、反日だから進出しない、といったことを、基準とすべきでないのかもしれない。あくまでも経済合理性で考えるべきである。

「ミャンマー人が好きだから」

「ミャンマー企業と一緒に発展したいから」

そんなことを言う人となら、それこそ一緒に、ない知恵でも絞ってみたい。

〝指示待ち〟ではやっていけない

また、繰り返しとなる。

ミャンマーは王朝時代、英国による植民地時代、独立後の束の間の民主主義時代、軍政時代、そして再び民主主義時代となった。約六十年の英植民地時代と、約半世紀に軍政時代、つまり、約百十年の長きにわたって、長いものにまかれろ、指示を受けてから動く、と言った気風がはびこり、国民のほとんどが〝指示待ち族〟化してきたのである。「マスター」や「上官」の〝命令〟や〝指示〟をこなすことに汲々としてきたのだ。

政権交代となった。新大臣、新副大臣が決まって、新たな指示が明確になるまで、官僚は動かないかもしれない。

以上の体質を直すことは、容易なことではない。

でも、もはや、〝指示待ち〟をして行くだけでは、やっていけないのである。ミャンマー国民の間にも、今度こその〝思い〟が強い。日本も、それからミャンマー好きの当方たちも、その〝思い〟に、いくばくかの手助けや貢献をして行くことが求められている。

中国では「改革開放」に呼応した華僑がいた。ベトナムにも「ドイモイ」の掛け声に反応した越僑がいる。ミャンマーの在外同胞も、スーチー政権の誕生で、帰国する人が増えるかもしれない。ただし、大きな資本を投下できる人は、少ないのではないか。

とすると、外国からの経済援助があるとしても、まずは自力をつけることが何よりも大切なのである。「大統領より権限は自分にある」とのたまったスーチー女史が、果たして、政策を遂行ができるのか。

いま、ＮＬＤの中の経済委員会に海外からの帰国者も含め、優秀なメンバーが多数集まり、侃々諤々の議論を行って、新政策を煮詰めていると聞く。とすれば、彼らのようなテクノクラートに、経済政策の立案だけではなく、遂行をも一定程度任せていけば、前進するのかもしれない。

日本の明治新政府は、薩長が唱えていた「尊王攘夷」の旗を降ろし、諸藩の人材やお雇い外国人の知恵も吸収し、旧幕官僚も登用して、富国強兵に努めた。ミャンマーは、その道をたどることができる。仮にスーチー女史が女西郷だとしても、大久保利通にあたる人物はいるのか。いないとするなら〝公武合体とも言うべき〟、旧軍政の人材を活用すべきである。ひょっとすると、今回の大勝利は、二〇〇九年の日本の民主党新政権誕生に似ているのかもしれない。事業仕分けといったパフォーマンスに明け暮れて、前政権の問題点を指摘するだけで、懸案が前に進まず、官僚がサボタージュし、既得権益者が抵抗するといったことも、大いに考えられるところである。

果たして、ＮＬＤ新政権は、内外の叡智を結集して発展に向けて邁進して行けるのか。もし、それがかなわないとするのなら、スーチー氏への期待が大きかった分だけ、失望のほうも、より大きくなって行くであろう。

ヤンゴン市の郊外に行って見ると、農村から流入してきた人たちの簡素な住居が、たくさん並んでいた。市中心部においても、物乞いが目立つようになり、路上生活者も出てきている。皮肉なことに、かつて世界の〝最貧国〟と言われていた軍政時代には、あまり見かけなかった光景でもある。

ＡＳＥＡＮ経済共同体も発足する。広く公正な徴税システムの確立も急がれるし、電力や道路、鉄道輸送などのインフラ整備も、必要不可欠だ。何よりも、植民地六十年、軍政約五十年、計百十年に培った〝指示待ち気質〟を、一掃しなければならない。自ら働く意欲の向上こそが、肝要なのである。

ミャンマーは軍政であったとき、ミャンマーの友人に「大臣が軍人なだけでして、日本だって大臣が政治家でも、実際は官僚が動かしているでしょ」と言われたことがある。それだけに、政権交代期における政策停滞が心配である。

専門家教育の充実を

以下は、別のヤンゴンに住む友人に聞いた話だ。

大きなマンションでミャンマー人をゴミ整理と掃除のために雇っていた。「給料が安い」「汚い仕事だ」「やりがいがない」などと愚痴を言いまくり、早目に仕事仕舞いにして、酒を飲んでばかりいた。管理人は見かねて、彼らをやめさせてインド人に替えた。仕事をテキパキやる。ビンやカンなどは分けて、ゴミ清掃車に出すのではなく、廃品業者に出して副収入としている。だから「給料が安い」などと言った愚痴をこぼさない。入居者から「マンションがきれいになった」と喜ばれている。そんな新聞記事が載っていましたよ、と教えてくれた。

ミャンマーで事業をやろうとして、いろいろと「その問題に関して強い専門家を知っている」とか、「許認可する役所の関係者を知っている」という人があらわれて、スムーズに行くかと思いきや、なかなか前に進んで行かない、という話を聞いた。

「日本にいたミャンマー人に投資を勧められて、投資したのですが、事業がスタートしたものの、なかなか進んではいかない」と人もいる。「ブローカーばかりが多いんですよ」と言った人もいる。「組むなら華僑か印僑、それに軍関係者、彼らは締切りを守るから」と言われたりもした。いずれも、実体験に基づくアドバイスである。要は、企業マインドが、いまだ育っていないということであろう。

ミャンマーは「アジア最後のフロンティア」と言われる。

果たして、本当にそうであろうか。肝腎の資金はあるのか。実効があがる手立て、政策は大丈夫なのか。そして人材はいるのか。疑問は尽きない。ではあるが、悩んでみていても、始まるまい。いま、「賽は投げられた」のである。

ミャンマーの発展のためには、専門家の育成が必要だ。

東京のオー・エイ・エス株式会社（富田裕行代表取締役社長）は、ヤンゴン工科大学に寄付講座を設け、日本語によるIT教育を始めた。

「このままASEANの経済統合になりますと、ミャンマーがタイやマレシーア、シンガポールと言った国の企業の下請けとなってしまいます。日本語ができるIT技術者を育てあげれば、日系企業で働く人材が育ちます。また、こちらに日本企業と直接取引する会社も育ってくるでしょうし……」と富田社長は語る。

当方もヤンゴンで、その講座を見学したが、三十名ほどの学生（中には教職員もいた）が、熱心に授業を受けていた。

「卒業生のうち六名ぐらいは、わが社で勤めてもらうつもりです。ほかの人は、他社で活躍

してくれたらよいですね。きっと日本語ができるＩＴ技術者は、各社で引っ張りだこになりますよ」（富田オー・エイ・エス社長）

そうあってほしいものだ。

ほかにも、プラネットの藤澤和広、ＭＥＭＯテクノスの渡邊将文、両代表取締役がミャンマー中部のメイミョにある宇宙工科大学で寄付講座を開設している。「人材を育てることこそ大切ですからね」と藤澤さんも語っておられた。

ミャンマーが成長するためには、インフラの整備はもちろんのこと教育の充実、人材の育成が必要不可欠なのである。農業、観光業、そして軽工業などが、ミャンマーには適しているのではあるまいか。日本の専門学校、特に工業高等専門学校や農業高校が、ミャンマーにあったらよい。その昔、日本にあった企業高校（定時制）も役に立つかもしれない。

かてて加えて、ミャンマーに、日本式の労働運動が広がって行ったらよいとも思っている。まず企業の生産性をあげて、次の企業発展ためへの投資、労働者と経営者への配分などを、労使交渉で決めて行くのが、日本の民間企業で多くみられている形体である。その労使協調型の労働運動が、日本の経済発展を支えてきた。

いま、日本と豪州の労働運動団体が、労働組合づくりの支援競争を繰り広げているとも聞く。豪州は、欧州型産別労働運動であろう。どうしても労使対立を招きやすい。

アジアの仏教国には、日本型の労働運動のほうが相応しいのではないか。その啓蒙・普及活動を続ける〝日本の連合や国際労働財団、生産性本部がんばれ〟の心境だ。

その国際労働財団では、ミャンマーから労働運動の指導者を日本に招き、研修会を行っている。当方もその報告会に参加してみた。ある労組代表が「ミャンマーを出てくるとき、組合員の仲間から『研修を受けるだけでなく、日本の経営者を連れてきて下さい』と言われました」との報告があった。彼女は韓国系縫製工場で働いていると言っていた。

余談となるが、アジア各国においては、中国や韓国系企業より日系企業の経営者のほうがやさしくてよい、との印象があるのだ。日本以外の外国系は乱暴な労働対策をとる。その点、日系企業は法令遵守で話し合い路線をとる、と評判がよいのだ。

話は替わる。

かつて武藤光朗民社研議長（中大教授）は「アウン・サン・スー・チーのアジアかマハテーィルのアジアか」という論文を著した（一九九三年『現代日本の挫折と超越』創文社所収）。

その著作の勉強会において「スーチー女史は、彼女らの民主化運動の究極の価値根拠をビルマの精神的伝統である仏教に求め、近代民主主義の価値前提である個人尊重の精神に通底するものを仏陀の教えの中に見いだしているのである」（同著一一二頁）と高く評価されておられる先生に、「スーチー女史の考えは、仏陀の教えというよりも、西欧流合理主義の信奉者ではないでしょうか。私はマハテーィル首相のアジア流の考えに、親近感を覚えています」と疑義を呈した。

いささか、気まずい雰囲気となったものである。

一九九八年に武藤先生は亡くなられた。もう一度、「スーチー論」をかわしたかった（武藤先生のことは拙著『民社育ちで、日本が好き』展転社でも触れている）。

それはさておき、今回の総選挙のあと、何人かのミャンマーウオッチャーと意見交換を行った。

「今度の選挙で、いわば明治維新と戦後民主主義とIT革命が、一遍にやってきたようなものですな」

「僕がいま、ミャンマーに住んでいて、選挙権があったとしたら、今回はNLDには入れませんでしたね。政策を読んでみても、項目だけで、具体的な中身がなかったのですから。今後、どうして行くんでしょうね」

「そうは言っても、私はNLDに期待したいですね。新しい時代が来た、と感じているところですから。もう欧米も、経済制裁をしないでしょうし……」

いろいろな声があった。

今回のNLDの大躍進にあたっては、スーチー女史の存在が、やはり大きかった。それだけに独裁者ともなり得ると、考えられてもいる（当方も、そのおそれを抱いている）。逆に、そのカリスマ性と、隠れていた英邁さ（？）を充分に発揮して、後世に「経済発展の祖」と呼ばれるような業績をあげるかもしれない。女史が〝化ける〟ことに期待しておく。

ともかくミャンマーの今後に、大いに注目して行きたい。自分なりにも、〝ミャンキチ〟の一人として、ミャンマーの発展に関わって行きたいのである。

※筆者註

（1）本稿は、拓殖大学海外事情研究所発行「海外事情」（二〇一三年十二月号）に発表した「新しい時代に入ったミャンマー」と、政策研究フォーラム発行の「改革者」（二〇一六年一月号）掲載の拙稿に依拠しており、それらをもとに大幅に加筆した論文です。

（2）また本稿の一部、特にマスコミ分析の部分は、阿曽村邦昭・奥平龍二編著『ミャンマー　国家と民族』（古今書院、二〇一六年）に「ミャンマーの展望――日本のマスコミの論調の問題点――」と題して発表した論文と重複しておりますので、ご了解下さい。

（3）なお、それらは、もともと京都大学東アジア経済研究センター協力会、社団法人大阪能率協会アジア・中国事業支援室共著『激動のアジアを往く』（桜美林大学北東アジア総合研究所発行、二〇一三年三月）に発表した「分水嶺を越えたミャンマー」を多角的に発展させて、新しい状況を踏まえて、全面的に書き改めたものです。

付録

ミャンマー本あれこれ

影響を受けた一冊は

ミャンマーに関する本と言えば、まず二冊である。

▽竹山道雄著『ビルマの竪琴』（新潮文庫、偕成社）

▽会田雄次著『アーロン収容所』（中公新書）

竹山著は創作であり、小乗仏教の理解で間違いがあるとの指摘もある。しかし、同書でビルマ（現ミャンマー）を知った人が多い。映画もヒットした。また、会田著は、白人の有色人種観が判る。

ミャンマー（旧ビルマ）を考える上で、両書を外すわけにはいかない。

当方がミャンマーに目覚め、影響を受けた一冊は、

▽泉谷達郎著『ビルマ独立秘史――その名は南機関』（徳間文庫）である。

英国支配からの〝解放戦争〟を助けた日本軍南機関の当事者による記録である。建国の父アウンサン将軍（アウンサンスーチー女史の父）やネウイン将軍ら〝三十人の志士〟は、その南機関で指導を受けた。鈴木啓司・南機関長をはじめ、七人の日本人機関員が戦後、ミャンマー最高の賞であるアウンサン賞を受賞している。著者の泉谷さんも、そのお一人だ。同書では、ビルマ人教育に全力を傾注した日本人と、それを受けて、独立に向けて立ち上がったビルマ青年たちが、生き生きと描写されている。

なお、泉谷氏には『ビルマに咲いた友情と信頼の花』（日本・ミャンマー歴史文化交流協会）という著作もある。戦争実態を知る上で参考になった。
▽溝口郁夫編『秘録・ビルマ独立と日本人参謀――野田毅ビルマ陣中日記』（図書刊行会）
同書を読むと、日緬双方の若者たちの情熱が伝わってくる。類書として推薦しておきたい。

なお、ミャンマー側メンバー（三十人の志士）の意識を知るためには、
▽ボ・ミンガウン著、田辺寿夫訳編の『アウンサン将軍と三十人の志士――ビルマ独立義勇軍と日本』（中公新書）がよい。

歴史がわかる本

ミャンマーを基本的に理解するには、まず彼の国の歴史を知ることである。最適なのは、元ミャンマー大使であった山口洋一氏の一連の著作である。
▽山口洋一著『歴史物語ミャンマー』（カナリア書房）
上下二巻の大作だ。独立自尊の誇り高い民族が、イギリスの植民地支配によって、いかに虐げられたのか、そこから、どう独立と自由を獲得していったのか、判りやすく語られている。

さらに、山口氏の前作、
▽山口洋一著『ミャンマーの実像』（勁草書房）も一気に読める。

映画『血の絆』のモデルとも言われる元日本兵が、地元の人たちに助けられた話など、感動的だ。

元ミャンマー大使の本といえば、次の二冊もお薦めする。

▽田島高志著『ミャンマーが見えてくる』（サイマル出版会）

▽宮本雄二著『激変——ミャンマーを読み解く』（東京書籍）

田島氏は山口氏の前任、宮本氏は少し後の大使であり、ミャンマー大使の後に、田島氏はカナダ、宮本氏は中国の大使を務めておられる。歴代のミャンマー大使が、任地だったミャンマーについてご執筆なされるとは、それだけ彼の国が魅力的であったからなのか。それともバランスの欠けたミャンマー書があまりにも多いので、自分で書かなければならない、と思われたということか。

その詮索はともかくとして、宮本著では「ミャンマー経済がどうにか廻っているのは、統計に出る『表』経済以外に、『裏』経済があるから」と指摘している。華僑の話しによれば「『表』と同じ規模の『裏』経済があり、そこの五割を中国人、三割をインド人、残りを軍がおさえている」そうだ。経済の実態が判る話である。

また「ミャンマーにおいて経済が今のままでいいと思っている人は、ほとんどいない。しかし『改革』すれば『安定』を損ない、『既得権益』を侵す」とも述べている。

そう考える勢力が強いことも、事実なのであろう。

しかし、二〇一三年四月、そんな既得権益勢力を抑え、「実勢」と「公定」の二重になっていた為替レートを、「実勢」に一本化した。外国からの投資についても、国内法が整備されるなど、矢継ぎ早に経済改革を行っている。

さらに、長らく「ミャンマーに観光客は来るな、外国は援助も投資もするな」と言い切ってきたアウンサンスーチー女史も、微妙に、従来の主張を変えてきている。

ミャンマー政権にとって、政治改革よりも経済改革こそが、〝待ったなし〟なのである。それは、アウンサン政権となっても同様であろう。

文化と生活を知る本

それはさておき、ミャンマーの文化や生活を知るためには、

▽田村克己・根本敬編著『ビルマ』（河出書房新社）

▽田辺寿夫著『ビルマ――「発展」のなかの人びと』（岩波新書）

▽綾部恒雄・永積昭編『ビルマ』（弘文堂）

以上の三冊が、役に立った。

根本敬、田辺寿夫の両氏は、アウンサンスーチー女史贔屓で知られている。『ビルマ軍事政権とアウンサンスーチー』（角川書店）といった共著もあり、軍事政権に批判的であったこ

とを知った上で、読まれたらよい。

また、根本氏と言えば、次の二冊である。
▽根本敬著『ビルマ独立への道――バモオ博士とアウンサン将軍』（彩流社）
▽根本敬著『物語ビルマの歴史』（中公新書）
『独立への道』は、ミャンマーの歴史にとってはかけがえのないバモオ、アウンサンの二人の指導者の歩みを、判りやすくたどっており、人物評価も適切で、好著である。

根本著、三つの問題点

それに対して、同じ根本氏の中公新書版には、根幹部分において、納得できない記述が何箇所かあった。

第一は、「第5章」の「タイトル」である。「日本軍の侵入と占領」とあった。英軍からみれば、日本軍とビルマ独立義勇軍がタイ方面から軍事進出してきたことは、「侵入」であったのかもしれない。しかし、ミャンマー人からすれば、英軍を「追放」したのであり、日本軍と一体となっての「祖国解放」であったはずだ。「侵入」の表現では、英国流の歴史観となる。日緬の立場からみれば、妥当とは言えない。

第二は、民政移管以降の「国際社会の反応」の項で、二〇一二年十一月「日帰りとはいえオバマ大統領がヤンゴンに寄り、アウンサンスーチーと会談し」とふれている。ただし、肝腎のテインセイン・ミャンマー大統領と首脳会談が持たれ、米大統領が「ミャンマー」と正式国名で呼んだ歴史的な事実は、割愛されている。

第三は、『「慰安婦」もビルマ戦線には存在した』と問題提起している。〝戦時売春婦〟がいたことは事実であろう。ビルマの慰安婦は、高級で優遇されていた、という米国の調査記録もある。本来、「慰安婦問題」の本質は、政府当局や軍による強制があったかどうかではなかったのか。

一方、好指摘もある。いまミャンマーは、政治の安定と経済の発展が求められている。それに敷衍して「ビルマ側に（テインセイン大統領であれアウンサンスーチーであれ）改革に向けたグランドデザインをつくろうという動きが見られない」と苦言を呈している。同感だ。

六十年間の英国による支配、四十七年間の軍政、それら約百十年の歴史が〝指示待ち〟の社会を作り、それがミャンマー人の自主性の成長を阻んでいる、とも考えているからである。

以上のように、「見解」を異にする件《くだり》も、多々あった。でも、コンパクトにミャンマーの歴史がまとめられてあり、一読すれば勉強になる。

戦後のビルマを知る本としては、少し古い出版物ではあるが、佐久間平喜氏の著作も、貴重である。

▽佐久間平喜著『ビルマ現代政治史』（勁草書房）

▽佐久間平喜著『ビルマに暮らして』（勁草書房）

佐久間氏は、ビルマ一筋の元外務官僚である。

ミャンマーの農村社会を理解するために、はずせないのは、

▽髙橋昭雄著『ミャンマーの国と民』（明石書店）である。「数多くの農村に住み、あるいは通い、数千人に及ぶ村民と直接対話してきた」だけあって、奥が深い。

ミャンマーへの投資を考える人にとっては、バンコク在住でミャンマーに数多く取材に出かけている松田健氏の二冊も、参考になる。

▽松田健著『最後のフロンティア　ミャンマーの可能性』（重化学工業通信社）

▽松田健著『魅惑のミャンマー投資』（カナリア書房）

『最後のフロンティア』では、「農家が世界相場の情報も簡単に入る時代になっているため、時期によっては農家が豆を売り惜しみすることもある」と言った事例が、ふんだんに盛り込まれている。

松田氏は、東南アジアの現地取材力には定評がある、元日刊工業新聞の記者だ。

松田氏はまた、『魅惑のミャンマー投資』において、「ミャンマーは天然ガスをはじめとする資源が豊かで、気質のよい労働力も多数かかえている」と評価している一方、「口利き料15％が常識である」とか、「秘密ばかりで条例なども文書化されていない」など、辛口の寸評も忘れていない。

「ミャンマーに関するマイナス報道があふれる一方で、当のミャンマーはきわめて口下手な国で、世界への説明が不足している」とも嘆いている。
▽田中和雄著『ミャンマービジネスの真実』（カナリア書房）
ミャンマーでの事業経験や農業体験が語られていて、貴重な本だ。
▽みずほ総合研究所編著の『全解説　ミャンマー経済――実力とリスクを見抜く』（日本経済新聞出版社）
シンクタンクによる本らしく、ミャンマー経済に関する資料が豊富で判りやすい。

ビルマ戦線の理解も

話は替わる。

ミャンマーと付き合うのなら、〝大東亜戦争・ビルマ戦線〟のことは、押さえておくべきであろう。
▽古山高麗雄著『フーコン戦記』（文春文庫）
▽津本陽著『泥の蝶――インパール戦線、死の断章』（幻冬舎文庫）
▽荒木進著『ビルマ敗戦行記』（岩波新書）
▽塩川優一著『軍医のビルマ日記』（日本評論社）

▽杉田幸三著『抗命の軍将——嗚呼、インパール・佐藤中将の悲劇』（廣済堂）
▽ＮＨＫ取材編『責任なき戦場　インパール』（角川文庫）
▽荒井利明著『ビルマ・戦死者からの手紙』（亜紀書房）
と言った著作を、薦めておきたい。

余談だが、産経新聞で「投書欄」を担当したことがある。広島県福山市在住の佐藤武夫さんから戦時中、ミャンマーシャン州のラシオで、温泉に浸かった話が寄せられた。「当方も、九〇年代のことになりますが、その温泉に入ったことがありますよ」とお電話をしたところ、たいそう喜ばれる。佐藤武夫著『激動の世に生きて』という私家本を送られてきた。中国大陸やビルマ戦線での戦いが綴られた労作であった。

多彩な旅行本

ミャンマー旅行記は、たくさん出ている。
▽山本宗補著『ビルマの大いなる幻影』（社会評論社）
▽中上紀著『イラワジの赤い花——ミャンマーの旅』（集英社）
▽伊藤京子著『ミャンマー　東西南北・辺境の旅』（めこん）
▽田村旅人著『豚が林浴する国——ビルマ感傷紀行』（新潮社）

▽椎名誠著『秘密のミャンマー』（小学館）
▽及南アサ著『ミャンマー』（文藝春秋）
▽春日孝之著『未知なるミャンマー』（毎日新聞社）
▽井本勝幸著『ビルマのゼロファイター』（集広舎）
▽宇田有三著『観光コースでないミャンマー（ビルマ）』（高文研）
と言った作品を読んできた。

山本・井本の両書は、少数民族武装勢力〝支配地域〟の実態も分かる。紀行文なら、図々しくも拙著を自薦する。
▽寺井融著『ミャンマー百楽旅荘（パラダイスホテル）』（三一書房）
シャン州のラシオ温泉やカチン州のプタオも紹介した。同書は、ミャンマー国内で海賊版が売られている。

ミャンマー旅行の友としては、
▽『黒宮ニイナのミャンマー・ステイ』（中日映画社）を薦める。
余談だが、黒宮さんはミャンマー出身のタレントだ。本格派の美形である。もちろん、本は「日緬単語帳」としても使え、旅のお役立ち本となる。

もう一つ読んでおきたいのは、次の二冊。
▽太田周二著『パゴダの国のサムライたち』（同朋社）

▽岩崎亨著『ミャンマー裸足の球児たち』（アットワークス）
太田著は、南方特別留学生や陸士卒業生ら、日本で学んだ人たちとの交流が描かれており、日本とミャンマーの絆のもとが判る。

岩崎著は、ミャンマーに硬式野球を定着・普及させようと、家族で奮闘する日本人の記録である。著者は元国連職員だ。現在、ヤンゴン市内で、内外の子弟を集めた国際幼稚園・小学校の経営に参画しておられる。ＮＰＯ法人アジア母子福祉協会（ＡＭＣＷＡ）のアジア代表でもある。

現代史を理解する対談書

以上、ミャンマー現代史を概括するためには、手前味噌で気恥ずかしいのだが、この一冊でとどめとする。
▽山口洋一・寺井融共著の『アウン・サン・スー・チーはミャンマーを救えるか？』（マガジンハウス）
「対談」書であり、読みやすい筈。長年ミャンマーにかかわってきた我ら二人のエキスが、盛り込まれており、「電子版」も出されている。

最後に繰り返す。

これら諸作のうち、私にとってベストワンと言えば、やはり泉谷さんの本（泉谷達郎著『ビルマ独立秘史──その名は南機関』徳間文庫）である。

ビルマの人たちが、いかにイギリス植民地経営、諸民族分断政策のもとで苦しめられ、強く独立を願っていたのか、独立に向けてどのような苦難の道を歩んだか、それに対し、日本の青年軍人たちが共鳴し、献身的な助力を惜しまなかったか──。

体験を踏まえた著作は力強い。「一国の独立という大事業には語るに事かかない多くのこと」が多角的に記されている。

「タイ国境千六百キロ、ラオス国境二百四十キロ、中国国境千五百キロ、インド国境千キロ、バングラデシュ国境二百四十キロ、合計で四千五百八十キロに及ぶ国境線の政情安定化は、少数民族問題の解決なくしては実現不可能である」

そう書かれてもおられ、「ジャングルで、敵兵に囲まれたとする。そうしたら銃を腰にためて、ダダッと一回転しながら撃ちまくるんだ」と語ってくれたことを思い出す。

あとがき

四月（二〇一五年）から母校の中央大学で、初回の授業を、無事に終えたときである。男子学生が二人やってきた。

「先生は、ミャンマーの専門家でいらっしゃいますか」

「いや、そうじゃないよ。よくは行っているけどね」

「どのぐらいですか？」

「最初は一九八二年。二回目は十一年後で、それから行くようになってね、この三月で二十六回になったから……。ミャンマー本も、旅行記と共著（山口洋一元ミャンマー大使と）の二冊、出しているよ」

自慢気に答えて、「文章表現論」の授業ではあるけれど、一度、ミャンマーの国について話をすることを約束した。二人はネットで当方の経歴を調べたようであった。

それにしても、ミャンマーブームである。時々、専門家でも研究者でもない私に、「ミャンマーの現地事情について教えていただきたい」という話が舞い込む。

教育や医療支援のNPO法人アジア母子福祉協会（AMCWA）のボランティア活動を、二〇〇〇年からささやかに続けているためであろう。いや、拙著やクチコミが、〝客〟を呼んでいるのかもしれない。

会ってみると、先方の目的は〝投資への下調べ〟だったり、〝起業の相談〟だったり、要は〝金儲け〟の話の聞き込みがほとんどである。「経営コンサルタント」代わりなのだ。

それでも、分かる範囲で、丁寧に答えるように努めている。動機はどうであれ、ミャンマーの発展に寄与してほしいからである。

そういう気持にさせるのも、彼の国の〝国柄〟であろうか。

一九七五年夏の初外遊以降、中国やベトナム、ミャンマーなどのほか、中東や中央アジア各国にも、足を運んでいる。それらを踏まえて、各紙誌に駄文も発表してきた。それらに掲載されてきたレポートやエッセイ、小論文並びに書下ろしを中心に本書を編んだ。

ちなみに「第Ⅰ部　ミャンマーにぞっこん」は、『月刊時評』『改革者』『フジサンケイビジネスアイ』『ロングステイ』などに発表したエッセイが、そのもととなっている。

「第Ⅱ部　アジアに〝三日酔い〟」は、『月刊時評』ほか当方が編集長をしていた『世界と日本』が初出の小品群である。〝息抜きコラム〟と思っていただければありがたい。

「第Ⅲ部　サンダル履きアジア」は、『月刊時評』に連載中の「アジアの小窓」をベースに書き込んだ。

「第Ⅳ部　本音でミャンマー」は、拓殖大学海外事情研究所発行の『海外事情』（二〇一三年十二月号）に発表した論文に、『改革者』（二〇一六年一月号）などに発表した論稿なども加え、大幅補筆した上での転載である。専門書『ミャンマー国家と民族』（阿曽村邦昭・奥平龍二編著、古今書院、二〇一六年）と重複している部分があることを、ご寛恕願いたい。

いずれにせよ、アジア好きだけが取り柄の拙稿が、国際情報の専門誌や政治評論誌、さらには専門書に掲載されたのであり、率直に嬉しかった。

当方は、ミャンマー語の「基本文献」にあたっているわけではない。あまつさえ、英語の論文も目を通していない（正しくは、目を通しても、理解する力がない）。ただ、日本語の新聞や雑誌、それに書籍と公開資料、そして何よりも、ささやかながらも個人的な現地体験、加えて先輩や友人、さらに現地の知友人からの聞き書きなどで、書き記している。

ミャンマーに関して言えば、「スーチー女史＝善玉、軍政＝悪玉」のようなあらかじめ役割を与えた〝決めつけ報道〟に、ずっと当方は違和感を抱いてきた。したがって、本稿では「白黒二分法」は取っていない。

通算十五年と言われる、いわゆる〝自宅軟禁〟に耐えてきた、主義者としてのスーチー女史の〝信念〟は、大いに認めるものの、政治家としての評価は、また別であると考えている。「大統領よりも力を持つ」ことを宣言した彼女に、迎合するつもりは、まったくない。本書では、建前ではなく本音でミャンマーを語ることに努めた。「ミャンマーの昨日今日」を紹介し、私なりに分析して、ミャンマーの明日の「展望や期待」、あるいは、いささかの危惧を述べてみただけである。ほんの「小論」に過ぎない。ではあるが、読まれた方々の忌憚ないご意見を、お聞きしたいところだ。

ただ、建前やキレイゴトのミャンマーではなく、本音でミャンマーを語る時期にきていると考えてはいる。少し辛口のミャンマー論になったかもしれない。

それについては、ミャンマー以外の国についても、同様だ。

「付録　ミャンマー本あれこれ」において、ミャンマーへの理解をより深めていただくため、当方が読んできた本を紹介した。ご参考にしていただければ幸いである。


いずれにしても、大上段に振りかぶる類の論稿は、残念ながら、一つも入っていない。ただ、サンダル履きでふらっとアジアに通い、行った先々の庶民の暮らし政治などに関心を持って、早、四十数年経つ。本書が、その一つの到達点である。

開き直るわけではないが、本書は学問的な評価に耐えられる〝論稿集〟ではない。いわばアジアに関するエッセイ集、まぁ〝雑文録〟である。それでも、彼の地を旅行される方はもちろん、ビジネスマンの方々にも、いくらかはご参考になる筈と、ささやかに自負している。

加えて、学生諸兄や次の世代を担う若い日本の青年にも、気楽に読んでいただきたい。都築治、宮野弘之、矢間秀行の各氏、それにカナリアコミュニケーションズの佐々木紀行社長や谷田川惣氏らに大変お世話になった。深謝しております。（二〇一六年一月三十一日記）

〔著者プロフィール〕

寺井　融（てらい　とおる）

昭和２２（１９４７）年、北海道斜里郡小清水町生まれ。中大卒、日大大学院前期課程修了。民社党広報局次長、新進党広報企画委員会事務局長、西村真悟衆院議員政策秘書、産経新聞記者、内外ニュース社『世界と日本』編集長などを経て現在ＮＰＯ法人アジア母子福祉協会常務理事、尚美学園大学・中央大学兼任講師ほかを務めている。『ミャンマー百楽旅荘（パラダイスホテル）』（三一書房）、『民社育ちで、日本が好き』（展転社）、山口洋一氏共著『アウン・サン・スー・チーはミャンマーを救えるか？』（マガジンハウス）ほか著書多数。

本音でミャンマー
もうこの国の建前論はいらない

2016年2月29日〔初版第1刷発行〕

著　者　　寺井融
発行人　　佐々木紀行
発行所　　株式会社カナリアコミュニケーションズ
〒141-0031　東京都品川区西五反田6-2-7
ウエストサイド五反田ビル3F
TEL　03-5436-9701　FAX　03-3491-9699
http://www.canaria-book.com
印刷所　　石川特殊特急製本株式会社
装丁　　Show's Design 株式会社

ISBN 978-4-7782-0327-6 C0026

カナリアコミュニケーションズの書籍ご案内

2011 年 10 月 31 日発刊
価格　1800 円（税別）
ISBN 978-4-7782-0204-0
978-4-7782-0205-7

歴史物語ミャンマー（上・下巻）

独立自尊の意気盛んな自由で平等の国

山口　洋一　著

元ミャンマー大使だから書けた、ミャンマーの真の歴史と新しいイメージ。

忠実な事実紹介だけでなく、駐在経験からの豊富な知識が分かりやすく歴史を教えてくれる。

ニュースや新聞には載らない歴史物語。

2015 年 7 月 31 日発刊
価格　1800 円（税別）
ISBN978-4-7782-0310-8

植民地残酷物語

白人優越意識を解き明かす

山口　洋一　著

戦後70年となる今年、日本が真の意味で戦後体制からの脱却を果たすために、元外交官の著者が欧米列強の植民地支配の実態を暴き、その対比として日本の国家経営の本質を解明する渾身の１冊。